社会的セーフティネットの構築
―アメリカ・フランス・イギリス・日本―

岩崎久美子 編

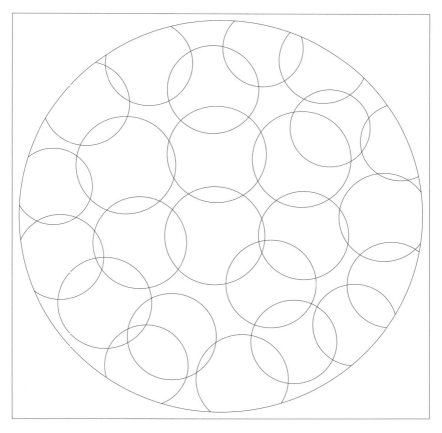

一般財団法人 日本青年館

はじめに

1．本書の背景

　何の雑誌に書かれていたものか、もはや定かではないが、強く記憶に残っている話がある。

　「アメリカは競争社会であり、そこから落ちこぼれた弱者が生きていくことは辛く厳しい。しかしアメリカには、そのような人々を救うセーフティネットも存在している。例えば、ホームレスが路上に溢れる一方で、彼らが就職活動を行えるよう、洋服を与え、住所を貸与する民間の支援団体もあるのだ」。

　このような内容だったと思う。

　当時、日本は「一億総中流」と言われており、アメリカのような格差社会で生き抜くことは大変だと他人事のように思った。同時に厳しい競争から脱落した人々を支援し援助する非営利組織の存在に、アメリカ社会のバランスと健全さを感じたものである。

　それから何十年かたった。この間、日本社会では何が起きたのであろうか。中間層が厚く格差が少ないはずであった日本社会は、バブル崩壊、リーマンショック、グローバル化など、時代の変遷を経て、いまやアメリカ、あるいはほかの先進諸国と同様に高所得層と低所得層に二極化、社会的格差が拡大してきている。そして、食事もままならない貧困状況で育つ子どもの存在がクローズアップされ、社会問題として顕在化している。

　誰しもが、人生において、倒産、リストラ、病気、離婚など、予期しないライフ・イベントに遭遇し、平和な日常を維持できない状況に陥る潜在的リスクを有している。しかし、危機的状況に陥ったとき、人間としての尊厳を守るために私たちは誰にどのように救いを求めたらよいのか。地縁組織が衰退する中、アメリカのような社会的セーフティネットは身近にあるのだろうか。

　本書は、このような問いの回答を求め、わが国で子どもの貧困が問題視され始めた折に申請・受給した科学研究費補助金「教育格差是正のための社会的セーフティネットシステム形成に関する総合的研究」（課題番号15H03492基盤研究（B）研究代表者：岩崎久美子）の成果の一部を取りまとめたものである。研究においては、アメリカ、フランス、イギリス、日本の非営利組織（アメリカではNPO、フランスではアソシアシオン、イギリスではチャリティ）に焦点を当て、その取り組みに関する調査を行った。

2．研究の概要について

　まずは本書の内容に反映されている当初の問題関心を紹介し、加えて調査実施の様子についても触れたい。

（1）問題関心

　親の社会・経済的背景や家庭環境による不平等、つまり人種・民族、社会階層、家庭の物的環境などの差異が教育を介して経済格差や貧困の再生産につながることは、古くから経済学者や社会学者により理論構築がなされ実証されてきたものである。そのため、これらの理論に基づき、諸外国では、格差是正の有効性を求めて、就学前教育などへの政策介入が行われてきた（アメリカ・ヘッドスタート、イギリス・シュアスタート、フランス・ZEP/REP）。

　「一億総中流」意識が流布し、一時期、平等社会と評されたわが国であったが、経済的・文化的、社会心理的、そして学校要因などが複合的に子どもの教育達成・学力形成に影響を及ぼすといった論点から、近年、子どもをめぐる成育環境への問題提起が多くなされるようになった。また、OECD（経済協力開発機構）の国際調査データなどでわが国の子どもの貧困が社会問題としてクローズアップされ、平成25（2013）年6月には「子どもの貧困対策の推進に関する法律」も成立した。どのような家庭に生まれても等しく教育機会を享受できるよう、就学前の政策的介入やセーフティネットの構築、そして、その教育的効果の検証が、わが国においても差し迫った政策課題になってきているのである。

（2）調査研究の実施

　以上のような問題関心から、子どもをめぐる教育格差を是正する海外での取り組みを把握することを目的に、海外研究協力者や事情に詳しい識者に依頼し、各国での調査を実施した。

①アメリカ

　NPO活動が盛んなカリフォルニア州サンフランシスコ・ベイエリアを対象に、NPOサポートセンターの吉川理恵子氏からの知見提供、大阪市立大学柏木宏教授による訪問先の選定・調整により調査が実施された。カリフォルニア大学バークレー校社会福祉学部のオースティン（Michael J. Austin）教授にアメリカの貧困問題に関する講義をしていただいたのち、地域のNPO法人の訪問調査が行われた。

　その後、岩崎がマサチューセッツ州ボストンに学校図書館調査のため赴くこ

3

とになり、ボストン在住の塩谷Roy雅子氏の協力により、本来の調査に加え、移民への学習支援、創造性教育など斬新な活動を行うNPOを訪問することができた。本書にはこの時の２事例についても併せて収録した。

②フランス

　フランスの調査は、フランスの教育社会学者で日本研究者でもあるジャン＝フランソワ・サブレ（Jean-François Sabouret）氏に全面的にお世話になった。パリ、そしてフランス中部都市のリモージュ（Limoges）での調査では、ご子息でフランス国立工芸院（Conservatoire National des Arts et Métiers, CNAM）准教授であるアレックス・サブレ（Alexandre Sabouret）氏がジャン＝フランソワ・サブレ氏と共に全行程の引率や通訳を行ってくれた。フランス国民教育省関係者との面談に加え、国民教育省視学官であったグジョン（Marc Goujon）氏から行政の取り組みの全体像について、そして、パリ第８大学社会学部のトゥロン（Fabien Truong）教授から移民の多い郊外地域における若者の状況についての講義を受けることができた。併せて貧困や恵まれない環境にある子どもに対する支援を行うアソシアシオンや社会的企業を訪問した。

③イギリス

　イギリスの調査計画は、イギリスに在住している錦織嘉子氏にお願いした。夏休み明けで連絡に苦慮し訪問できたチャリティの数は少なかったが、伺うことができた組織は、いずれも社会を変革するために何をすべきかを明晰に熟慮している団体であった。組織経営に対する知見は、大変、刺激的なものがあった。

　総論には、訪問先の一つであるナッフィールド財団（Nuffield Foundation）による報告書「就学前教育と保育」（Josh Hillman＆Teresa Williams, Early Years Education and Childcare, Nuffield Foundation, 2015）の一部を抜粋し翻訳・掲載した。なお、この報告書の全文は、本研究のホームページ上で閲覧できるようにしてある（「教育格差是正のための社会的セーフティネットシステム形成に関する総合的研究」http://www.manabee-labo.jp/index.html）。

④日本

　日本での調査は、子どもの貧困を扱う行政部署に在籍していた須原愛記氏と、この問題に関心を寄せていた荻野亮吾氏、中村由香氏によるところが大きい。総論を荻野亮吾氏が執筆しているほか、訪問したNPOについての事例を収録した。

3．本書の構成

　本書は、アメリカ、フランス、イギリス、日本における子どもの貧困と教育の状況について述べた総論と、前述の国内外の調査で訪問した各国の非営利組織の事例から構成される。本書に非営利組織の事例を多く収録したのは、今後の地域課題や社会課題への対応には、縦構造の組織形態ではなく、横構造の連携、つまり、行政などの公的セクター、企業などの私的セクター、非営利組織などの社会的セクターのそれぞれが水平につながることが重要であり、また、その際、多様な担い手をつなぐハブ（中核）としては、社会的セクターが最も適していると感じたことが理由である。加えて、訪問調査により、地域課題や社会課題に対しきめが細かい効果的なセーフティネットを形成するには、該当する課題と達成目標の共有、組織・団体間の強みと特徴を把握した上での明確な役割分担、パートナーとなるべき組織・団体をつなぐ中間支援組織の存在などが不可欠であるとあらためて感じたこともある。そのため、これらの知見をもたらした訪問調査先である国内外の非営利組織の紹介に紙面を割いている。

　最後に、本書に収録した内容の初出の多くは、一般財団法人日本青年館『社会教育』に連載したものである。書籍としての構想、編集、そして刊行に至るまで『社会教育』の近藤真司編集長には大変お世話になった。また、海外での調査実施は、前述したとおり、柏木宏教授、塩谷Roy雅子氏、ジャン＝フランソワ・サブレ氏、そして錦織嘉子氏の力によるところが大きい。本書を刊行するに当たり、実り多い調査を可能にし、書籍とする道筋をつけてくれた方々に対してあらためて感謝の思いを抱いている。空の色、空気、それぞれの地において肌で感じた思いはいまだ鮮明であり、本書はそれらを彷彿とさせる。

　このように．本書は4年にわたる研究成果の一端を紹介するものである。しかし、それと同時に、より良い社会を目指し日々地道に活動している非営利組織を紹介することも目的の一つである。そのため、本書を手にする方々が、私たちの生活を支えてくれる社会的セーフティネットの担い手の存在を知り、それらの組織・団体に少しでも思いを寄せてくだされば心からうれしく思う。

　2019年早春

　　　　　　　　　　　　執筆者を代表して　　岩崎久美子

目　　次

はじめに……………………………………………………………………………… 2

第1章　アメリカ ……………………………………………………………… 9

総　論：アメリカにおける子どもの貧困と教育………………………………… 10

事例1：フェイシーズSF（Facessf）…………………………………………… 20

事例2：カリフォルニアNPO協会（CalNonprofits）………………………… 24

事例3：フリーモント・ファミリー・リソース・センター（FRC）………… 28

事例4：スパークポイント ……………………………………………………… 31

事例5：ティーチ・フォー・アメリカ ………………………………………… 35

事例6：イーストベイ　アジア青少年センター（EBEYC）………………… 38

事例7：スマート・プログラム………………………………………………… 42

事例8：ピア・ツー・ピア大学（P2PU）…………………………………… 46

事例9：NuVu…………………………………………………………………… 50

第2章　フランス ……………………………………………………………… 55

総　論：子どもの貧困と教育をめぐるフランスの状況……………………… 56

事例1：フォーラム・デ・アソシアシオン…………………………………… 63

事例2：余暇・社会統合協会（ALIS）………………………………………… 67

事例3：地域文化・経済・社会協会（ARCHES）…………………………… 71

事例4：サンプロン……………………………………………………………… 75

事例5：レゾリス（RESOLIS）………………………………………………… 79

事例6：パスポート・アブニール……………………………………………… 83

事例7：ATDカールモンド……………………………………………………… 88

事例8：オートゥイーユ職業訓練院…………………………………………… 92

第3章　イギリス ……………………………………………………………… 97

　総　論：就学前保育と教育 …………………………………………………… 98

　事例1：ランベス早期行動パートナーシップ（LEAP）………………… 111

　事例2：カーディナル・ヒューム・センター ………………………… 118

　事例3：子ども協会 ………………………………………………………… 124

　事例4：ロンドン市長基金 ……………………………………………… 130

　事例5：ファミリー・アクション ……………………………………… 135

第4章　日本 …………………………………………………………………… 141

　総　論：子どもの貧困に関する政策の動向と課題 ……………………… 142

　事例1：日本財団「子どもサポートプロジェクト」…………………… 152

　事例2：彩の国子ども・若者支援ネットワーク ……………………… 157

　事例3：True Colors …………………………………………………………… 163

　事例4：チャイルド・リソース・センター ………………………………… 168

　事例5：エデュケーションエーキューブ ………………………………… 174

　事例6：子どもデザイン教室 …………………………………………… 179

　事例7：おおさかこども多文化センター ……………………………… 184

　事例8：豊島子どもWAKUWAKUネットワーク ……………………… 188

　事例9：暮らしづくりネットワーク北芝 ……………………………… 193

　事例10：グリーンコープ生活協同組合ふくおか・子ども支援オフィス…… 197

おわりに ………………………………………………………………………… 203

執筆者リスト …………………………………………………………………… 206

第1章
アメリカ

総　論：アメリカにおける子どもの貧困と教育		10
事例1：フェイシーズSF（Facessf）		20
事例2：カリフォルニアNPO協会（CalNonprofits）		24
事例3：フリーモント・ファミリー・リソース・センター（FRC）		28
事例4：スパークポイント		31
事例5：ティーチ・フォー・アメリカ		35
事例6：イーストベイ アジア青少年センター（EBEYC）		38
事例7：スマート・プログラム		42
事例8：ピア・ツー・ピア大学（P2PU）		46
事例9：NuVu		50

アメリカ
総 論

アメリカにおける
子どもの貧困と教育

　自由と平等の国、アメリカ。

　しかし、自由も平等も、自動的に保障されるわけではない。自由を守るには不断の努力が必要だ。平等に関しては、結果の平等ではなく、機会の平等という認識が強い。では、機会の平等とは、どのような状態なのか。それは、経済的、社会的、政治的などの権利を追求する上で、一人一人に機会が保障されていることにすぎない。この機会をどう活用するかは、一人一人の責任とも言える。

　高度産業化社会あるいは脱工業化社会と言われる今日、機会の平等の前提には、教育があると言えよう。教育が保障されて初めて、人々はさまざまな権利を追求することが可能になる、ということだ。しかし、所得や資産における富裕層の占める割合の大きさに象徴されるように、貧富の格差が拡大する中で、教育を受ける機会の平等自体が失われつつあるのではないか、という懸念が生じている。

　以上のような状況認識に立った上で、本稿では、アメリカにおける格差社会の現状を踏まえ、子どもの貧困とその状況が子どもの教育や将来の生活にどのような影響を与えているのか検討していく。その上で、貧困が子どもに与えている教育や学力の問題に、政府やNPOを始めとした民間がどのように対応しているのか見ていくことにする。

1．アメリカの格差社会の拡大

　連邦商務省人口統計局（以下、人口統計局）によると[1]、1947年に0.376だったアメリカのジニ係数は、10年後の1957年に0.351へと低下した。その後、レーガン政権が登場した1980年代に入り、1980年の0.365から1989年には0.401へと急上昇した。1990年代に入ると、景気の低迷もあり、若干低下したものの、

10

景気回復とともにほぼ一貫して上昇を続け、2013年には0.455と過去最高値になっている。なお、ジニ係数は、イタリアの数理統計学者のコッラド・ジニが考案した係数で、0〜1までの値をとり、所得が完全に平等であれば0となり、一人がすべての富を独占していれば1になる。

　ジニ係数の上昇は、富が少数者に集中していくことにつながる。カリフォルニア大学バークレー校（UCB）のエマニュエル・サエズ（Emmanuel Saez）教授らが2015年10月に発表した論文[2]によれば、資産額がトップ0.1％の世帯が占める全米の富の割合は、第二次世界大戦後10％前後で推移していたものの、1980年代に入り急激に上昇。1990年代後半に15％を超え、2013年には22％に達している。これは、大恐慌が発生した、1929年とほぼ同じ水準だ。

　所得や資産の格差の拡大は、貧困層を増加させると考えられる。アメリカ政府は、貧困に関して二つの定義を用いている。貧困境界と貧困ガイドラインである。前者は、人口統計局が統計目的で全国一律の額として策定しているもので、貧困者の人数把握が目的だ。後者は、連邦健康福祉省（DHHS）が福祉プログラムの提供の基準として作成しているもので、ハワイ州とアラスカ州が単独で、それ以外の48州と首都ワシントンが一括して定められている。2015年の貧困境界は、単身者で1万2,081ドル未満、4人家族で2万4,221ドル未満、5人家族で2万8,724ドル未満となっている。貧困ガイドラインの数値も、ほぼ同じである。なお、両者とも、毎年、インフレなどを考慮に入れ、改定される。

　図表1は、貧困境界前後の貧困層の人数と割合を示したものだ。貧困境界の所得上限の125％未満の貧困層の割合は、1960年には30％を超えていたが、ジョンソン政権の「貧困との戦い」の成果もあり、その後の10年間で急激に減少した。2000年には15.6％と、40年前の半分の割合にまで低下したものの、その後、徐々に上昇。2010年以降、19％台と5人に1人の割合に迫っている。

　とはいえ、所得や資産の格差の大きさに比べ、貧困者の割合が低いと感じるかもしれない。しかし、貧困境界に基づく貧困者の定義にはいくつかの問題がある。最大の問題の一つは、全国統一の基準のため、大都市圏の住居費のような多額な費用が実態として反映されにくいことである。例えば、マサチューセッツ工科大学（MIT）のエイミー・グラスミーア（Amy K. Glasmeier）教授が作成している「生活賃金計算式」[3]によると、サンフランシスコ郡の単身者向けの住居費は、連邦住宅都市開発省（HUD）の公正市場家賃に基づくと、年間

第1章　アメリカ　11

図表1　貧困境界を基準にした貧困層の人数と割合

年度	総人口	125%未満		100-125%の間	
		人数	割合（％）	人数	割合（％）
2013	312,965	60,215	19.2	14,897	4.8
2010	305,688	60,443	19.8	14,263	4.7
2005	293,135	49,327	16.8	12,377	4.2
2000	278,944	43,612	15.6	12,030	4.3
1995	263,733	48,761	18.5	12,336	4.7
1990	248,644	44,837	18	11,252	4.5
1985	236,594	44,166	18.7	11,102	4.7
1980	225,027	40,658	18.1	11,386	5.1
1975	210,864	37,182	17.6	11,305	5.4
1970	202,183	35,624	17.6	10,204	5
1965	191,413	46,163	24.1	12,978	6.8
1960	179,503	54,560	30.4	14,709	8.2

出所：http://www.census.gov/hhes/www/poverty/data/historical/people.html のデータから筆者が作成
注：人口、人数の単位は 1,000 人

1万4,292ドルと、同教授が算定した必要生活費2万9,896ドル（課税前）の半分近くを占めており、これだけで貧困境界の基準を上回ってしまう。

　また、1960年代初頭に貧困境界が作成されたころは、当時の平均的家庭において食費が生活費の3分の1を占めていた。このため、世帯人数に基づき、必要とされる最低限の食費を算出、これを3倍した数字が貧困境界の基準において重要なウエイトを占めた。しかし、今日、生活費に占める食費の割合は、大幅に低下している。にもかかわらず、貧困境界は、この算定基準の問題が十分改善されていないと言われる。なお、ミネソタ大学（UM）のマーク・ベレマーレ（Marc F. Bellemare）教授によると[4]、所得が最下位の5分の1の人々については、依然として3割を超える支出が食費で占められている。このことは、教育費をはじめとした衣食住以外への支出がかなり必要であっても、貧困者は極めて制約的にしか支出できないことを示唆している。

2. 子どもの貧困と教育の現状

　貧困は高齢者に多いと考えている人が少なくないだろう。しかし、少なくともアメリカでは、事実は異なる。人口統計局によると[5]、2013年に貧困境界以下の所得で生活している人の割合は14.8％である。年齢別で見ると、18歳以上65歳未満が13.3％であるのに対して、65歳以上は10.2％にすぎない。最も高い割合を示しているのは18歳未満で21.5％と、5人に1人を上回る。さらに、6歳未満に限定すると、23.7％とほぼ4人に1人である。

　こうした子どもの貧困状況は、学校現場にも反映せざるをえない。その現実が最もストレートに現れているのは、公立学校である。南部教育財団（SEF）というNPOが2015年1月に発表したレポートによると[6]、全米の公立学校における低所得家庭の子どもの割合は、1989年に32％だったが、2000年には38％に増加。さらに、2006年に42％に増えた上、リーマンショック後の2011年には48％になっていた。そして、2013年には51％と、半数を超えるまでになった。

　なお、このレポートは、教育関係のデータ収集と分析を行っている連邦政府機関、全米教育統計センター（NCES）のデータを基に分析・作成されたものだ。また、ここで言う低所得家庭の子どもとは、連邦政府による就学児童向けの無料または減額による昼食プログラムの受給者である。貧困境界の130％未満の所得の家庭の子どもは無料、130％以上で185％未満は減額（1食当たり最大40セント）で、学校で、昼食を受けることができる。

　従って、公立学校の子どもの半数が貧困境界以下の所得での生活を強いられているわけではない。しかし、昼食代を全額または部分的にしか払えない子どもが公立学校で半数を超えるという状況は、教育現場における子どもの貧困問題の深刻さを端的に示していると言えよう。

　貧困が教育にネガティブな影響を与えることは、しばしば指摘されている。では、アメリカでは、現実に、どのような影響が出ているのだろうか。以下、いくつかのデータを通じて見てみよう。

　第一に、学力の問題がある。子どもの学力を判断するのは容易ではないが、通常、高校2年生や3年生を対象にしたSATと呼ばれる全国共通の試験の成績が用いられる。大学の入試に当たり判断材料の一つにされるため、日本の共通一次試験のような性格も持つ。試験は、読解と数学、作文（ライティング）の3科目からなり、平均点はそれぞれ500点前後だ。

第1章　アメリカ　13

図表2　親の年収とSATのスコア（2013年度）

世帯所得（年収）	受験者数（人）	割合(%)	読解	数学	作文
$0 - $20,000	102224	14	435	462	429
$20,000–$40,000	120,186	16	465	482	455
$40,000–$60,000	105,333	14	487	500	474
$60,000–$80,000	95,256	13	500	511	486
$80,000–$100,000	83,027	11	512	524	499
$100,000–$120,000	72,722	10	522	536	511
$120,000–$140,000	38,887	5	526	540	515
$140,000–$160,000	29,515	4	533	548	523
$160,000–$200,000	36,860	5	539	555	531
$200,000 以上	57,319	8	565	586	563
無回答	918,718		496	515	489
合計	1660047	100	496	514	488

出所：http://media.collegeboard.com/digitalServices/pdf/research/2013/TotalGroup-2013.pdf

　図表2で示したように、SATを運営しているカレッジボードによると、2013年度の受験生のうち、親の年収が6～8万ドルの層がほぼ平均点と一致している。そして、これ以下の年収の親を持つ受験生は、年収が少なくなるほど、スコアが低くなり、年収2万ドル未満の親を持つ子どものスコアは平均より50～60ポイントも低い。一方、親の年収が多くなるほど受験生のスコアは高くなり、年収20万ドル以上の親を持つ受験生のスコアは平均より70ポイントほど高くなっている。

　貧困が子どもの教育に及ぼす影響の第二に、高校の中退率が挙げられる。アメリカは州によって教育制度が異なるが、高校は義務教育に含まれる。従って、高校を中退することは、仕事などの面で大きな不利益を抱えることを意味する。実際、人口統計局によれば[7]、25歳以上で高校を卒業していない人のうち実に30％が貧困境界以下の所得しか得ていない。また、2013年の人口統計局の

データから算出した学歴別年間所得をみると[8]、平均で4万5,598ドルであるのに対して、高卒未満は2万1,622ドル、高卒は3万2,630ドル、大学中退・短大卒は3万5,943ドル、大卒は6万159ドル、大学院卒は8万9,253ドルと、学歴による差が極めて大きいことがわかる。

全米教育統計センター（NCES）によれば[9]、16〜24歳までの人のうち、2013年に高校を卒業していない割合は6.8％だった。この数字は、1970年の15％に比べ、半分以下であり、高校中退者が大幅に減少したことを示している。しかし、親の所得が下位25％の人については、10.7％と平均を大きく上回っている。一方、親の所得が上位25％で高校を卒業していない人は3.2％と、下位25％の3分の1以下にすぎない。

低所得家庭の子どもに学力不足や高校の退学が多く見られる背景には、教育に十分な資金を充てることができないことがあると考えられる。事実、低所得家庭の子どもは、裕福な家庭の子どもに比べ、家庭から提供される教育費が圧倒的に少ない。ホワイトハウスのウェブサイトに掲載されたデータ[10]によると、2005-2006年度に所得が上位25％の家庭の子どもが受けている教育関連の支出は8,872ドルに上るのに対して、下位25％の家庭の子どもは1,315ドルと7分の1強にとどまる。

以上から、ステレオタイプ化は厳に戒めなければならないものの、貧困家庭の多くに、**図表3**に示したような貧困という負のスパイラルが続いていくことが想定される。まず、貧困家庭では、十分な教育を子どもに受けさせることが困難だ。このため、子どもは義務教育の高校でも学力が不足し、退学に至る可能性が大きい。仮に高校を卒業できても、大学に入り、卒業することは容易ではない。高校や大学を中退した場合、働こうとしても給与の良い仕事に就くことは難しく、やむなく低賃金の仕事に甘んじたり、無職ですごすことになる。こ

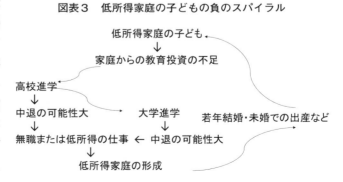

図表3　低所得家庭の子どもの負のスパイラル

れに若年結婚や未婚での出産が加わり、同様な状況が繰り返されていく。

3．貧困家庭の子どもへの教育支援

　貧困家庭の多くで教育の不十分性に起因する世代を超えた負のスパイラルが
続いていることに対して、政府やNPOをはじめとした民間は、手をこまねいて
いるわけではない。政府資金を活用したNPOの先駆的なプログラムなどが、教
育現場や地域社会で展開されている。これらを理解する上で、アメリカの教育
システムの概要を把握しておく必要があるだろう。

　アメリカの教育システムは、初等、中等、高等の三つのレベルから成り立っ
ている。初等教育は幼稚園と小学校で、中等教育は中学、高校である。これら
二つをあわせて、通常、K-12（幼稚園から12学年まで）と呼ばれている。ただ
し、教育は基本的に州政府の管轄であるため、義務教育も、州によって異なる。
開始は5〜8歳、終了は16〜18歳と幅がある。また、同じK-12でも、6＋3＋
3型（幼稚園1年＋小学校6年＋中学校3年＋高校3年）や8＋4型（幼稚園
1年＋小中合同学校8年＋高校4年）など、大きく四つのタイプがある。

　高等教育は、高校卒業後の進学先である専門学校、職業訓練校、短期大学、
大学と、大学卒業後の大学院やプロフェッショナルスクールなどである。人口
統計局によると[11]、2013年時点で、大学や大学院へは、25〜29歳の年齢層の
12.9％、30〜34歳の年齢層の6.5％、35〜40歳の年齢層の4.2％が通っている。こ
れらの数字に示されるように、いわゆる社会人の割合が高く、生涯教育的性格
も強いことが理解できる。

　連邦政府による貧困家庭の子どもへの本格的な施策は、1965年の初等中等教
育法（以下、ESEA）に始まる。「教育の機会均等の完全な実現は、我々の第一
の国家目標である」とした、ジョンソン大統領の「貧困との戦い」の一環だ。
同法の第1編は、「低所得者児童の教育改善のための地方の教育機関への財政
支援」について定めている。具体的には、児童の40％以上が低所得の学校は、
「第1編学校」に指定され、補助金の対象となる。この補助金は、主として公立
学校や教区学校で学ぶ1〜6年生向けに提供されるようになった。

　ESEAは、その後、何度も改正を繰り返している。数学と読解を教育成果の
基準とするとともに、全学的な取り組みを行う際に低所得者児童の割合を75％
から50％に低下させた上で、連邦政府の介入を減らし、地方の自主性を尊重す

16

る方法を打ち出した、クリントン政権下で成立した学校改善法（IASA）や、児童の学業成績の到達目標を設定、その達成を求めることなどを盛り込んだ、ブッシュ政権下のいわゆる落ちこぼれ防止法（NCLB）などがある。直近では、2015年12月にNCLBの行き過ぎを是正することを目指した、全児童成功法（ESSA）が成立した。

　ESEAが成立した1965年、ジョンソン政権は、プロジェクト・ヘッドスタートを開始した。連邦政府がNPOなどに補助金を提供し、低所得家庭の子どもやその親（妊婦を含む）に教育や食事、歯科を含む健康に関するプログラムを提供するもので、典型的な官民協働の事業である。初年度の夏には、8週間のパイロット・プログラムが実施され、全米で56万人の子どもが参加した。

　ヘッドスタートは就学前の3〜5歳児までが対象だったが、1998年にクリントン政権は、0〜3歳未満の子どもを対象にした早期ヘッドスタート補助金をスタートさせた。また、それぞれのプログラムは、年間を通じてフルデイで実施されるようになった。連邦健康福祉省（DHHS）によると[12]、2013年における両プログラムの参加者は、子どもと親をあわせて、107万6,000人となっている。また、世帯数では98万9,000で、このうち4万5,000世帯は、参加期間中にホームレス状態を経験したことが示すように、極めて生活に困窮した家庭である。また、21万7,000世帯（全体の22％）の親は、職業訓練などを受講している。

　高等教育における低所得家庭の学生への支援の代表的なものに、1965年の高等教育法（HEA）により設立された、ペル・グラントがある。提唱者のクライロン・ペル上院議員の名前が付けられたこの補助金制度は、当初1,000ドル（年間）が上限だった。1972年に拡充され、1,400ドルになり、その後も額が引き上げられ、2010-2011年度には5,500ドルになっている。ただし、1972年には典型的な学生の学費などの72％をカバーしていたのに対して、2008-2009年度には32％を補うだけになっている。なお、この奨学金は、連邦政府から大学などに支払われ、学生の学費などの控除に充てられる。グラントと呼ばれるように、奨学金とは異なり、受給した学生は後年、返済する必要はない。

　しかし、近年、学費は極めて高い水準になっている。カレッジボードによると[13]、2015-2016年度の公立の短期大学の学費は、平均で3,435ドルだが、州立の4年制大学では州内生で9,410ドル、州外生だと2万3,893ドルにもなる。私

立の４年制大学にいたっては３万2,045ドルと、邦貨に換算すると400万円近い。これに大学内に設置された宿舎の費用と食費を加えると、それぞれ１万1,438ドル、１万9,548ドル、３万4,031ドル、４万3,921ドルに達する。貴重とはいえ、ペル・グラントは、焼け石に水の状況だ。

　ヘッドスタートのように、政府と協働でNPOなどの民間が実施している低所得家庭の子ども向けの事業も少なくない。学力の向上を目指すものとしては、アフタースクールプログラムが知られている。K-12の子どもに対して、授業時間以外に実施される補習やアクティビティなどの総称だ。カリフォルニア州では、2002年の住民投票で提案49が成立し、放課後教育安全プログラムにより、補助金が提供されるようになっている。また、チュータリングやメンタリングのプログラムも、行政の補助金などを受けながら、各地で実施されている。前者は学習に関することがメインなのに対して、後者は教育以外の生活指導などにも用いられる。多くの場合、１人の大人が１人の子どもを相手に指導するが、複数の子どもを指導する場合もある。

　民間レベルでの奨学金プログラムも、多数存在する。大学生向けで代表的なものに、合同黒人大学基金（UNCF）がある。1944年に設立された全米最大のマイノリティ学生向けの奨学金団体で、これまで45億ドルを40万人の学生に提供してきた。小・中学生向けの奨学金団体としては、子ども奨学金基金（CSF）などがある。1998年の設立以来、14万5,000人の子どもに総額６億1,000万ドルの奨学金を提供してきた実績を持つ。また、奨学金提供団体の連合体として全米奨学金給与協会（NSPA）がある。ここに、アメリカを中心に300余りの団体が加盟していることに示されるように、民間レベルの奨学金の提供は活発に行われている。

　「この法律とともに、我々は、すべての子どもが人種や所得、生育環境、居住地にかかわらず、自らの人生を自ら築くことができるという、アメリカの根本的な理念を再確認したい」。

　2015年12月10日、バラク・オバマ大統領は、全児童成功法（ESSA）の署名に当たり、こう述べた。

　これまで見てきたように、数字上、低所得家庭の子どものSATのスコアが改善され、高校中退率も低下してきた。とはいえ、彼らを取り巻く教育環境は依

然として厳しいものがある。それを踏まえ、オバマ大統領の言葉は、新しい法律とともに、この状況をさらに改善する意思を示したものと言える。

　ただ、貧困家庭には、教育との関係で負のスパイラルが存在していることは否めないが、教育だけ取り出して、十分な効果が期待できるのか、という疑問が生じるだろう。職業訓練などが親に提供される必要があるのではないか、ということだ。ここでは、触れることができなかったが、貧困家庭には社会保障や社会福祉の政策がさまざま設けられている。これらの政策は、過去20年ほど、「自立」をキーワードに進められてきた。その成果が子どもの教育の改善につながってきたのか、あるいは改善の不十分さをもたらしているのか。この問いへの回答が現実に映し出されてくる姿を、今後も、注視していきたい。

柏木　宏

注：

（1）Gini Indexes for Families, by Race and Hispanic Origin of Householder: 1947 to 2014, US Census Bureau, https://www.census.gov/hhes/ www/income/data/historical/inequality/

（2）Wealth Inequality in the United States since 1913: Evidence from Capitalized Income Tax Data, Emmanuel Saez, Gabriel Zucman, October 2015, http://eml.berkeley.edu/~saez/SaezZucman2016QJE.pdf

（3）http://livingwage.mit.edu/states/06/ locations

（4）http://marcfbellemare.com/wordpress/ 3627

（5）http://www.census.gov/hhes/www/ poverty/data/incpovhlth/2014/table3.pdf

（6）http://www.southerneducation.org/ getattachment/4ac62e27-5260-47a5-9d02-14896ec3a531/A-New-Majority-2015-Update-Low-Income-Students-Now.aspx

（7）http://www.census.gov/hhes/www/ poverty/data/incpovhlth/2014/table3.pdf

（8）http://www.statista.com/statistics/184242/ mean-earnings-by-educational-attainment

（9）http://rces.ed.gov/programs/digest/d14/ tables/dt14_219.75.asp

（10）https://www.whitehouse.gov/blog/2013/ 06/12/rock-and-roll-economics-and-rebuilding-middle-class

（11）http://www.census.gov/hhes/school/data/ cps/2013/tables.html

（12）http://eclkc.ohs.acf.hhs.gov/hslc/data/ factsheets/2014-hs-program-factsheet.html

（13）http://trends.collegeboard.org/college-pricing/figures-tables/average-published-undergraduate-charges-sector-2015-16

＊上記の検索日はいずれも2016年1月2日。

フェイシーズSF
(Family and Child Empowerment Services-San Francisco, FACES SF)

　低所得家庭の子どもと家族への、保育・学童保育、カウンセリング、職業訓練・斡旋による支援活動を行うNPOであるフェイシーズSFを訪問し、プログラム責任者のセイコ・ヴェルダー（Seiko Velder）氏とリサ・マーフィー（Lisa Murphy）氏にお話を伺った。

1．設立経緯とミッション
　フェイシーズSFは、非営利団体としてサンフランシスコで170年以上の長い歴史を持つ、フローレンス・クリテントン・サービス（Florence Crittenton Service）とホイットニー・ヤング・児童発達センター（Whitney Young Child Development Center）の二つの慈善団体を受け継いで設立された。サンフランシスコの、十分なサービスを受けられていない子どもと家族を、育て、教え、力づけて、彼らの人生を変えることをミッションとしている。

2．低所得者や貧困の子どもを対象にした教育事業
（1）児童発達プログラム
　サンフランシスコの3カ所で保育・学童保育のサービスを英語、スペイン語、中国語で提供している。

（2）児童健康サービス
　「幼児期・児童期に、精神的に健康でいることは発達において非常に重要だ」という見解から、家庭や地域で暴力や虐待、貧困の問題を抱え、その影響を精神的に受けている子どもと家族に、児童支援チームとしてカウンセリングを行っている。

（3）雇用プログラム

「職業訓練と就職斡旋は、貧困から脱け出し、健康な家族を支援し、地域のつながりを強くするために効果的」との考えから、キャリアのためのワークショップ、コーチング、資料、紹介・推薦を18～50歳の1,000人以上に提供。そのほとんどが低所得者、ひとり親、また、一定の職歴を持たない高卒者である。参加者は、インタビューの練習、読み書き能力、GED（一般教育修了検定）修了のためのキャリアプランを作成。なお、求職者への職業斡旋のサービス、継続教育の支援も行っている。

3．2014年度に実施されたサービスの概要

・保育サービス提供時間：76万3,840時間
・0～5歳の乳幼児保育サービス対象者：439人
・学童期の児童向けの学業のレディネスおよび情操教育対象者：112人
・職業準備と就職斡旋サービス対象者：450人（求職者）
・就職斡旋件数：128件（求職プログラム登録者の91％）
・精神健康カウンセリングを受けた家族：121（延べカウンセリング時間：1,200時間）
・サンフランシスコの3カ所の施設で提供された栄養価の高い食事：9万8,629食

ヘイト・アシュベリー保育施設の入口

4．課題

カリフォルニア州は2007～2013年にかけて、保育施設、幼稚園に対する支出を37％削減し、サンフランシスコ市では保育にかかわる資金が2,000万ドル減少。これによる資金難に対し、フェイシーズSFのスタ

保育部屋

ッフと子ども、親たちは、他の団体と共に幼児教育の資金増加のためのデモを行った。

カリフォルニア州からの保育への資金援助は重要な財源であり、最高責任者のローランド・ロング（Lawland Long）氏は「幼児教育は、われわれの最も若い市民、つまりはわれわれの社会にとって最高の希望と将来を創造する根本的な基盤だ。幼児教育が勤労者世帯を支えており、どのような経済、社会政策においても中心に置かれなければならない」と訴えている。

子どもたちの昼寝のためのベッド

5．所見

フェイシーズSFの最大の特徴は、低所得層の家庭に質の高い保育サービスを提供するだけでなく、子育てと切り離せない親、特にシング

壁に貼られた1日のスケジュール

ルマザーの雇用をも支援し、行政からのサービスの狭間で抜け落ちがちな、本当に必要な支援を行っていることである。

多くのシングルマザーが職探しと保育の両立の困難さを経験している。仕事を持っていないと子どもを保育施設に入れることができないため、仕事を見つけたくとも、求職中に子どもを預けられる場所がない。フェイシーズSFは、こうしたジレンマに陥って動けずにいるシングルマザーに手を差し伸べている。

年次報告書では一人の母親が次のように語っている。「ここでは、息子の先生たち一人一人がつながっていると感じることができ、息子はここの環境が大好きです。息子が愛情あふれる環境の中で世話をしてもらっているのがとても嬉しい」「フェイシーズSFでは、みんなが私の名前を知っています。私の事情も、私が自分の人生で何をしたいかも、わかってくれているのです」。

今回の調査で訪問したのはヘイト・アシュベリー（Haight Ashbury）にある保育施設であったが、家庭的な暖かい雰囲気に包まれて、スタッフが心から子どもたちとその親たちに気を配り、最高のサービスを提供しようと努めていることが一目でうかがえた。給食にも気を配り、清潔なキッチンで食事が作られていた。

　子どもたちの多くが治安の悪い地域で育ち、「誰々の父親が撃ち殺された」というようなことは頻繁に起こるという。精神的に不安定になりがちな子どもたちや家族に対し、フェイシーズSFではカウンセリングのサービスも提供しているが、何よりもまず、「ここに来れば誰かがいて話を聞いてくれる、愛情を与えてもらえる」と感じられる場所を提供していることに、フェイシーズSFの存在意義があるように思われる。

豊　浩子

<基本情報>
Family and Child Empowerment Services - San Francisco, FACES SF
所在地：1101 Masonic Ave, San Francisco, CA 94117, USA
URL：https://facessf.org/

カリフォルニアNPO協会

(California Association of Nonprofits, CalNonprofits)

　カリフォルニアNPO協会は、カリフォルニア州全体のパブリックポリシー（公共政策）にフォーカスし、NPO（非営利組織）を代表してアドボカシー（政策提言）を行うNPOである。

　議会や政府機関の政策立案者、慈善活動団体、市民らに、NPOの主張を届けるのが主な活動内容だが、NPOが地域社会にサービスを提供するために必要な法律制定に向けての準備や活動するための障害を除去することも大事な役割の一つである。

　アメリカでは、日本のNPO法人に限定されるカテゴリーはなく、法人は営利と非営利に分けられる。カリフォルニアNPO協会の支援対象は、このうちのカリフォルニア州にある非営利法人になるが、その中でも、日本にある大手の医療法人や社会福祉法人、学校法人などではなく、中小規模の地域ベースのNPOが中心である。

2015年9月9日訪問。CEOのジャン正岡氏（左から3人目）を囲んで

1．NPO全体にかかわるアドボカシー

(1) アドボカシーの意義

　アドボカシー活動の意義として、一つは、NPOのスタッフやボランティアに投票に出向くように呼び掛け、選挙を推進することがある。さらには、議員に対してNPOで働く約100万人の票をより多数獲得するためにも、NPOにとって有益となる政策の立案を訴え、促すという二つの要素を含んでいる。

（2）教育関係に対するカリフォルニアNPO協会のかかわり

　教育関係はNPOの中では大きなセクターである。教育関係のNPOの連合組織には、ロビイストが存在し、パブリックポリシーを提言することも可能なので、独自の活動を行っている。学校教育を例にすると、州政府や学区との契約に基づいて設置・運営する公立学校である「チャータースクール」には、カリフォルニア・チャータースクール協会（California Charter Schools Association, CCSA）がある。また、大学にも、連合組織があるので独自の政策提言や調査を行うことが可能だ。このように大きな業界は、独自に提言することが可能であり、カリフォルニアNPO協会のような組織に依存する必要はない。

インタビュー中の立田氏とジャン氏

（3）NPO全体のアドボカシーにフォーカス

　現在カリフォルニアでは、カンガルーの肉をオーストラリアから輸入するという動きがあり、動物の愛護団体が強く反対している。このような特定分野の活動に対してカリフォルニアNPO協会が何らかのアクションを起こすことはない。一方、「学生が卒業後に奨学金の返済をしなければならないが、学生にとって負担が大きいので、NPOで10年間働いたら返済を免除することはできないか」というようなNPO全体にかかわる内容についてはコミットする。

　また、現在カリフォルニアの最低賃金は、1時間9ドルだが、2020年までに15ドルに上げようという動きがあり、サンフランシスコ市では条例化された。カリフォルニアのNPOで働いているスタッフ数は、93万7,000人でほぼ100万人である。最低賃金のアップは、好ましい半面、NPOにとっては人件費増で負担が大きくなる。NPO全体の財政にかかわる内容として、カリフォルニアNPO協会が財団等に書簡を送り、賃金の助成枠アップなどを訴えている。

　フォーカスする課題については、会員の声を吸い上げるということもあるが、個別の議員が関心を持っている課題の中で、どの議員に働きかけるのが効果的か独自に判断し、議員の選出区のNPOに対して、該当議員への書簡送付等の協力要請を行うことが多い。場合によっては、議会のホールを歩きながら議員に直接働きかけることもある。

カリフォルニアNPO協会のホームページ

2．保険事業が収入の3分の1

　カリフォルニアNPO協会の予算規模は年間130万ドル。日本円にすると1億5,000万円くらいなので、そんなに大きな規模の団体ではない。収入の内訳は、「会費」「保険の収入」「助成財団」がそれぞれ3分の1ずつの割合となる。現在約9,000団体が会員として加入している。スタッフは、サンフランシスコに5人、サクラメントとロスアンゼルスに各1人、CEOのジャンさんをはじめ、ほとんどが女性だ。

　日本ではアドボカシーに特化したNPOや中間支援組織は少なく、資金の確保が非常に難しいのが現状である。アメリカでも同様だが、カリフォルニアNPO協会が保険事業で3分の1の収入を確保しているのは、安定的な収入源として非常に有効と言える。

　アメリカには、日本の国民健康保険のような健康保険制度がない。小さなNPOがスタッフを個別に保険に入れると高額になるが、カリフォルニアNPO協会のメンバーとして、大きなグループ保険に加入することで割安になる。カリフォルニアNPO協会の子会社「CalNonprofits保険サービス」で対応しているが、これは会員としてのメリットでもあり、利用団体も多い。

3．日本の現状と今後に向けて

　日本では、NPOを支援する中間支援組織の中でも、アドボカシーを中心に活動している組織は少ない。分野ごとの政策提言についても、専門のロビイストが存在して恒常的に行える状況とは言えないのが現状だ。議員に対するロビー活動基盤が脆弱な上、議員も消極的である。

　NPOの会計基準、休眠口座の活用等、NPO全体にかかわるテーマについては、全国の中間支援組織が集まり議論の上、賛同団体（者）の連合体（連名）で政策提言を行うことが多い。政策提言が形になるまで非常に長い時間を要し、実現しないことも多いが、単体では影響力や波及効果が弱いため、中間支援組織間のネットワークの強化もより重要となっている。

　政策提言が制度の改変や国の施策に反映されるようにするために、カリフォルニアNPC協会のように関心のある議員へのアプローチを日常的に行える環境づくりと同時にNPOの中間支援組織の政策提言力を高めることが必要だ。

　また、政策提言に対して資金提供する助成金が少ないため、資金面でも非常に厳しい現状がある。財政的な基盤がなければ政策提言を行うこともできないので、カリフォルニアNPO協会の保険業務のように、継続的な安定収入が得られるような収入源の確保は重要な課題である。

吉川　理恵子

<基本情報>
California Association of Nonprofits, CalNonprofits
所在地：870 Market Street, Suite 985, San Francisco, CA 94102, USA
URL：https://calnonprofits.org/

| アメリカ 事例3 | # フリーモント・ファミリー・リソース・センター
(Fremont Family Resource Center, FRC) |

フリーモント・ファミリー・リソース・センター（以下、FRセンター）は、家族のためのサービスをワンストップの窓口で提供する施設である。今回の調査では、行政とNPOの協働による包括的な家族支援のしくみについて、フリーモント市役所福祉局の行政官でFRセンターの管理責任者であるジュディ・シュワルツ（Judy Schwartz）氏にお話を伺うことができた。

ジュディ・シュワルツ氏

1．センターの概要

FRセンターのあるフリーモントは、カリフォルニア州アラメダ郡にある、人口約22万人、面積約233平方キロの市である。住民の人種・民族は非常に多様性に富んでおり（アジア系50％、白人33％、ヒスパニック系14％、アフリカ系3％など）、市内でも100を超える言語が話されている。

FRセンターの外観：広い敷地

FRセンターは、自らの家族の自立や他者の支援のために必要な力を身に付けてもらうため、さまざまな問題を抱える家族に経済的支援や学習機会の提供を行う施設である。近くには鉄道の駅があって、支援を必要とする家族がアクセスしやすい立地にあり、十分な

広さの無料駐車場もある。総面積約5,110平方メートルの二つの建物の中にあり、屋内は、温かくて家族的で親しみやすい雰囲気づくりがなされている。

ファミリー・リソース・センターはフリーモント市以外の多くの地域にも設置されているが、地域密着型で事業展開も予算も小規模である場合が多い。それに対して、このFRセンターが特徴的なのはその規模の大きさであり、20を超えるNPOなどさまざまな団体や機関が同じ施設内に集まっており、州・郡・市の行政機関と連携・協働しながらサービス提供を行っている。

2．センターのサービス内容

FRセンターのサービスの内容は多岐にわたっており、一つの家族が抱える複合的な問題に対して、行政機関とNPOが連携・協働して個別に対応し、あらゆる側面から包括的な支援を行っている。その内容として、例えば、成人や若者の就労支援、経済的支援、食糧支援、子育て支援に関する情報提供や照会、保健や精神医療、カウンセリング、親への教育プログラムの提供、移民支援、住宅支援、家庭内暴力問題への対処などが行われている。サービスは、無料のものもあれば、家庭が負担できる範囲で有料のものもある。

ほとんどは支援スタッフが丁寧に話を聞いてくれて、その個人や家族が必要としているサービスが何かを洗い出してくれるため、サービスを受けるための煩雑な手続きなどは必要ない。個人的な相談をしたくない場合でも、情報や資料を入手するために気兼ねなくFRセンターを訪れることができる。

FRセンターの中にはウェルカム・センターと呼ばれる窓口があり、専門スタッフが英語以外の多くの言語にも対応している。この専門スタッフは、常時、施設内に居るわけではなく、小学校や地域内にある出張所などに出向くことも多いという。

FRセンターの内観：居心地の良い雰囲気

第1章 アメリカ　29

３．ＦＲセンターの設立・運営における行政の役割

　フリーモント市役所は、ＦＲセンターの施設を所有しており、さらにＦＲセンター内の協働のコーディネーターの役割を担うスタッフ15人を配置している。ＦＲセンターは1996年６月に設立されたが、そのきっかけとなったのが、フリーモント市が主催した「ドリーム・セッション」である。そこでは、ＮＰＯや行政機関の代表が集い、「もし予算を問わないとするならば、家庭支援の最善策とはどのようなものか？」というテーマで議論がなされた。その時に参加者から出たさまざまなアイデアがＦＲセンター構想につながっていった。

　このようにＦＲセンターの設立や運営の中核はフリーモント市の福祉局が担っているものの、ＦＲセンターの運営組織自体はＮＰＯ等との協働により構成されている。施設内に事務所を置くＮＰＯは、施設を借りる際の契約によって、ＦＲセンターの運営に参画することを義務づけられる。ＦＲセンターの最終的な議決機関として置かれている評議会は、施設内のすべてのＮＰＯ等の長によって構成され、会議は３カ月に１度開催される。その下に置かれている役員会の会議は毎月開かれ、州、郡、市の代表も加わりながら、センター運営にかかわる具体的な決定を行う。さらにその下には複数の委員会を設置しており、それぞれが異なる側面から組織の活動を支えている。

４．協働を支えるしくみ

　ＦＲセンターでは、問題を抱える家族が生活保護から抜け出して自立した生活を送れるよう、必要な支援を包括的に提供し、ＦＲセンターで対応できない問題があったとしても、支援できるＮＰＯ等につないでいる。これは一つの施設にさまざまなＮＰＯ等の団体が集まって事務所を構えていることで可能になっている面もあるが、何よりもスタッフ間の円滑な連携・協働を実現する組織体制によるところが大きい。このような協働のしくみを実現するためには、社会的な困難を抱える家族を自立に向けて支援するという共通の課題認識と明確な目標が必要である。

佐藤　智子

＜基本情報＞
Fremont Family Resource Center, FRC
所在地：39155 Liberty St. Suite A110, Fremont, CA 94538, USA
URL：https://fremont.gov/228/Family-Resource-Center

| アメリカ 事例**4** | # スパークポイント
（Spark Point） |

　事例3で紹介したフリーモント・ファミリー・リソース・センターでは、行政と多くのNPOとが協働しながら多様なプログラムを提供していた。今回はその一つである、スパークポイントを紹介したい。

　スパークポイント（Spark Point）は、ベイエリア・ユナイテッドウェイ（United Way of the Bay Area）というNPOが開発した貧困から抜け出すための財産形成プログラムである。このNPOは、サンフランシスコ湾岸地域で90年以上にわたって、住民の貧困問題の解決に向けた取り組みを牽引してきた。

　フリーモント以外でも、カリフォルニア州内の15カ所でこのスパークポイント・プログラムが提供されている。スパークポイントの最初のセンターが2009年に設置されて以降、サンフランシスコ湾岸地域の中で2万人を超える住民にサービスが提供されている。

1．スパークポイントの概要

　スパークポイントは、低所得者を対象として財産形成支援を行うプログラムである。このプログラムを受けると、コーチが1対1で問題解決に向けた支援をしてくれるだけでなく、専門的な教育や就職面接対策、奨学金など多面的な支援を受けることができる。スパークポイントのサービス内容は地域によって異なる部分もあるが、スパークポイントにおけるサービスでは、貧困問題の解決に向けて持に以下の三つの要素を重視している。それが、①所得の増加、②債務管理、③財産形成、である。

（1）所得の増加：継続教育と転職・起業の支援

　貧困から抜け出すためには、収入を増やすことが重要となる。スパークポイントでは、十分な貯蓄がなくてその日暮らしをしている人、税金の仕組みや手

第1章　アメリカ　31

続きについて十分に理解できていない人、新しくビジネスを始めたいと思っている人などに、次のようなサービスを提供している。

・履歴書の添削や就職面接対策
・転職や起業の支援
・公的な給付を得るための支援
・学校教育を受け直すための支援
・学歴・資格の獲得のための支援
・税金免除の手続き

（2）債務管理：信用スコアの向上と借金の返済

　日本ではなじみがないが、アメリカで暮らす場合には信用スコア（credit score）というものが付与される。この信用スコアは、大きな買い物や契約をする際に利用されるが、十分な収入があり、多額の預貯金があっても、信用スコアが低くなってしまう場合もある。このスコアを計算する際には、借入残高がどれくらいあるか、クレジットカードの支払いが遅延なくなされているか等で評価される。

　住宅や自動車等のローンを組むのみならず、就職、銀行口座の開設、貸借契約、保険料率の決定、新しい携帯電話の契約の際にも、一定の信用スコアが求められる。経済活動をする上で、信用を維持することは何よりも重要なのである。そのために、スパークポイントでは次のような支援を行っている。

・借金の一本化や返済の支援
・適切な家計管理
・信用スコアについての教育や啓発
・差し押さえの回避

（3）財産形成：財産形成計画と学習プログラムの提供

　スパークポイントは、貧困状態にある人々が学校教育を受け直したり、家を購入したり、ビジネスを始めたりするための適切な貯蓄計画ができるよう、次のようなサービスを提供している。

・貯蓄戦略を学ぶ機会の提供
・無料ないし低コストの金融サービスの利用と、かかる手数料の削減

・その人に合った貯蓄プログラムの紹介
・初めて住宅を購入する人のためのプログラムの紹介
・定年退職までの貯蓄計画

2．事例紹介

　ここまでスパークポイントの概要を紹介してきたが、これらのサービスがどのような結果や成果につながるのかについて、アマリア（Amalia）という女性の具体的な事例を紹介したい。

　アマリアはシングルマザーで、当時は病気の母親の介護もしながら、一家の大黒柱として自営業で生計を立てていた。家族を養うために休みなく働いていたが、家計は厳しい状況だった。家計を安定させるために新しいビジネスを始めたいと考えていたが、そのための時間もお金も不十分だった。そのような時、アマリアはスパークポイントのチラシを目にし、娘の学校でプログラムが実施されることを知った。当初、彼女は、受講する時間など全くないと感じていた。しかし、スパークポイントでは、母親がワークショップを受講する間、子どもの面倒を見てくれて、子どもと一緒に夕食も提供してくれることで、彼女はこのプログラムに参加することができた。

　アマリアは5週間、毎週開催されるワークショップに参加し、さまざまな問題を抱える女性たちと一緒に学んだ。彼女たちは、子どもたちと一緒に夕食をとり、ワークショップの間は子どもの面倒を見てもらいながら、貯蓄や就職・転職、そして信用スコアなどについて学んだ。アマリアは、「このプログラムは、今の自分の状況を受け入れ、人生を変えるために、個人として、あるいは職業訓練として、何が必要かを学ぶことができるものでした」と話している。

　数カ月後、アマリアを

フリーモント・ファミリー・リソース・センター内スパークポイントの掲示

取り巻く状況は好転していた。彼女は、担当コーチの支援を受けながら、住宅ローンを組むために信用スコアの改善に努め、起業に向けた講座を受けることもできた。その間、彼女の母親が亡くなるという非常につらい時期もあったが、このプログラムを通して念願だった起業を実現し、より良い将来を掴むことができた。アマリアは、地域とのつながりも強まり、娘にも良い影響を与えることができたと感じているという。

3．まとめ

　貧困から抜け出すためには、債務管理と財産形成を計画的に行っていく必要がある。しかし、貧困状態に陥っている家庭にとって、それらに関する情報にアクセスすることは容易ではなく、さらにはそのような情報を正しく理解し、計画的に実行し得るだけの知識が不足している場合が多い。このような情報や知識の不足が、さらなる貧困を招いているとも考えられる。その意味で、スパークポイントが担っている社会的な役割は非常に大きい。

　日本においても、貧困家庭に対する支援はさまざまな側面から行われている。しかし、行政サービスとしては、社会福祉や教育訓練・就労など分野ごとにサービスや支援が分断されてしまっており、NPO等によって財産形成を包括的に支援するプログラムを提供しているという事例もほとんど聞くことができない。このようなサービスを提供するためには高度な専門的知識が必要な点も大きな課題である。しかし、生活の自立を図るためには、安定的な仕事に就くだけでなく、その後も適切にお金を管理し、債務返済や貯蓄を計画的に行っていかなくてはならない。日本においても、貧困状態にある人々への支援として、スパークポイントのような財産形成プログラムは必要だと考えられる。

佐藤　智子

<基本情報>
Spark Point Fremont (Fremont Family Resource Center, FRC)
所在地：39155 Liberty St. Suite A110, Fremont, CA 94538, USA
URL：https://fremont.gov/241/SparkPoint

| アメリカ |
| 事例5 |

ティーチ・フォー・アメリカ
(Teach For America)

1．設立の経緯

　ティーチ・フォー・アメリカ（以下、TFA）は、1989年、当時プリンストン大学の4年生であったウェンディ・コップ（Wendy Kopp）が、卒業論文において論じたアメリカ国内の教育困難地域にある学校への講師派遣活動である。

　TFAのホームページによれば、アメリカには、貧困基準以下で育つ子どもが1,600万人以上存在し、低所得地域の子どもたちの3分の1が高校を中退する。高校を卒業できた者の読解力と数学力は、平均すると高所得地域の8年生（日本の中学2年生）程度の水準にとどまり、4年制の大学に進学するのは18％。さらに、25歳までに卒業証書を受け取ることができるのは、わずか9％にとどまる。

　また、アメリカの公立学校では、教員の早期離職に伴う慢性的な教員不足と質の低下が深刻化している。教育の学位を持ち、なおかつ低所得地域で教えたいという人が十分に確保できないため、教育の学位のない人物が教師として雇用されている事実もある。

　ウェンディ・コップは、この教育環境の格差を是正するため、全米の優秀な学生を大学卒業後の2年間、教員免許の有無を問わず、教員としてアメリカ国内の公立学校に配属するという構想を卒業論文としてまとめた。大学卒業後、その論文を、企業や助成団体に送付し支援を訴えたところ、複数の企業からオフィスや資金提供等があり、それを受け、NPO組織を設立、1990年から低所得者層の多い地域に教師を派遣するプログラムをスタートさせた[1]。

2．ターゲットと活動内容

　1990年の第1期生は、定員500人に対し、応募のあった約2,500人の中から、独自のテストで384人を選抜、六つの低所得者地域に派遣した。その後、この活動は大きく発展。2015年までの25年間で、約4万2,000人の教師を全米の学校

第1章　アメリカ　35

に送りこんできた。

　発展の理由の一つは、応募の激増。2014-2015年のプログラムに対し、応募者数は４万4,181人に上った。

　TFAの選考は、下記①～③により行われる。
①書類による審査（カバーレター、レジュメを提出）
②電話での面接（phone call）
③実際のテスト（５分間のレクチャー、グループディスカッション、１対１での面接等）

　2014-2015年では、パートナーシップを結ぶ全米52の地域のおよそ3,200の学校で、選抜試験をクリアした8,800人の学生が教壇に立っている。TFAの教師に指導を受ける子どもは、現在、年間52万人に達する。設立からの25年間では、TFAから派遣された教師が教えた子どもの数は、400万人以上に達した。

　派遣された教師は、地域によって差はあるが年間に２万4,000～５万5,000ドルの収入を得る。給与は、TFAを介さずに学校から直接受け取っている。

　現在、TFAから派遣されている教師のうち、47％が低所得地域出身で、2014-2015年に教壇に立った教師の50％が有色人種で構成されている。

　現在、TFAの収入は年間3.3億ドル、総資産は５億ドルに達する。2010年の全米就職人気ランキング（人文学系）で１位、2011年と2012年もランキング３位に入った。

３．TFAの教師の声

　ヒアリング調査（2015年９月）を行ったブライアント・エレメンタリースクール（Bryant Elementary school）[2]で、TFAの教師を務める３人に話を聞いた。

　まず、志望理由について、イオワイナ（Iowayna）は、「元々、教員志望だったが、大学卒業後、１年間の教員資格取得コースに行くと、さらに３万ドルの学費が必要だった。すぐに教師として働きたかったし、How to teachを身に付けるためにも、現場で実践を積むのは良い方法だと考えた」と語る。

イオワイナ

　アリサ（Alysa）は、「TFAの教師は、どんな子どもも目標を達成することができると考える。しかし、低所得の学校の教師は大抵、大体こんなものとあき

らめていることも多い。それが、だんだんとTFAからきた教員の影響を受け、元々の教員の意識が変わっていく」と語る。

ジェニファー（Jennifer）は、2年以上TFAの教師を続けている理由として、「生徒を教えることに情熱を感じるから。ただ、将来はロースクールに通いたいと考えている。TFAの経験は、ロースクールに入るときに評価されるという理由もある」と語っている。

アリサ

ジェニファー

4．課題

一番の課題は、5週間という短いトレーニング期間だ。

トレーニング期間に関する苦情に対して、TFAは2014年からトレーニングの見直しを始めており、TFAがリクルーティングを始める1年前ではあるが、卒業年度の1年間に希望者が受講できる教育理論のパイロットプログラムをスタートした。

もう一つの課題は、プログラムへの参加申込者が2014年、2015年と2年連続で減少していることである。TFAは、近年の景気回復とIT企業の隆盛によって高額の収入が得られる仕事が増えており、企業からオファーが来るような優秀な学生が、卒業後の進路としてTFAを選ばなくなってきていることが理由だと見ている。トレーニングプログラムの見直しは、優秀な学生を確保するための一つの対策とみられる。

左京　泰明

注：
（1）『いつか、すべての子供たちに：「ティーチ・フォー・アメリカ」とそこで私が学んだこと』（ウェンディ・コップ著／2009年4月7日刊）参照。
（2）「Bryant Elementary school」概要：全体のうちラティーノの割合が高い（80〜85％）。幼稚園〜5年生まで200人が通い、各学年2クラスずつある。1クラスは英語、もう1クラスが英語とスペイン語のバイリンガルクラスという構成。

<基本情報>
Teach For America
所在地：940 Howard Street, San Francisco, CA 94103, USA（サンフランシスコ支部）
URL：https://www.teachforamerica.org/

| アメリカ 事例6 | # イーストベイ アジア青少年センター
（East Bay Asian Youth Center, EBAYC） |

1．イーストベイ・アジア青少年センターとは

　イーストベイ・アジア青少年センター（以下、EBAYC）は、アジア系の青少年の健全育成のための支援を目的に活動している非営利公益法人である。

　本部は、カリフォルニア州オークランドにある。オークランドは、バークレーと隣接しているが、大学都市であるバークレーとは対照的に、高い貧困率と暴力や強盗などの犯罪地域として全米でも知られている。EBAYCは、この地で、低所得層の子どもたちが育つ上で、より良い地域をづくりを目指し、さまざまな活動を行っている。

EBAYC本部のある最寄駅

　現在、EBAYCは、40人の正規職員、100人以上の臨時職員、200人以上の学生ボランティア・チューター／メンターを擁している。

　インタビューを行ったEBAYCの事務局長デヴィッド・カキシバ（David Kakishiba）氏は、カリフォルニア州サクラメント生まれの日系アメリカ人。カリフォルニア大学バークレー校に在学した時代に、EBAYCの創設者から誘われ、1980年からEBAYCに参加し、現在に至っている。

2．設立経緯

　EBAYCは、バークレー高校（公立学校）に在学する日本、中国、フィリピンからの移民二世のアジア系アメリカ人高校生によって1976年に設立された。

EBAYC本部の建物

当初は、アジア系青少年の文化的アイデンティティを尊重しながら、人格的成長を促す支援を行う活動が主であった。しかし、1980年代に入ると、ベトナム戦争を経て、ベトナム、カンボジア、ラオスなど東南アジアの国々から新たな移民が流入し、アジア系コミュニティが多様化してくる。特に、このころ、オークランドのウェスト・オークランド地域では、黒人居住地にアジア系移民が入ることにより、黒人とアジア人との人種間の対立が生じた。学校や地域で非行集団間の抗争が頻発し、その結果、新たに学校への働きかけや少年刑務所に入所した子どもへの処遇・保護観察の改善を求める支援を行うことになった。

　このような経緯から、EBAYCは、1988年にバークレーからオークランドへと活動範囲を拡大、1997年にオークランドに本拠地を移して以降、アジア系住民に焦点を当てながらも、地域のあらゆる低所得層の青少年への支援を行うようになってきている。

　現在、活動に登録している約2,000人の青少年の内訳は、アジア・太平洋地域51％、ラテンアメリカ系24％、アフリカ系21％、その他4％であり、支援する人種も多様となっている。

3．放課後プログラムへの支援

　現在、EBAYCの事業の一つとして、オークランド市の放課後プログラムに大学生メンターを派遣している。オークランドには、公立学校が118校あり、86が直営、残りはチャータースクールである。EBAYCは、直営の学校のうち、60校で放課後プログラムを行っている。

　放課後プログラムは、親が帰るまでの15〜18時の間に子どもが犯罪にかかわらないよう、学校内でホームワークや安全に遊べる場所を提供することを目的とする。そのため、EBAYCでは、カリフォルニア大学バークレー校など近隣

大学から毎年200人の大学生メンターを採用し、派遣する。この大学生メンター1人に対し、子どもは1〜4人の割合であり、大学生メンターは、子どものロールモデルとして、学業支援を行う。

4．放課後プログラムの予算

当初、EBAYCは、市の予算の一部を子どもへの支援に使用できるような条例制定などに対する働きかけを積極的に行った。思うように議会の同意が得られない中で、オークランド・トリビューン（地方紙）が社説で「将来の子どもたちに投資しよう。そうすれば、オークランドはより良い街になるのであろう」

と書いたことで支援者が増え、1996年にオークランド市の予算の2.5％を別枠の基金とし、子どものために必要な事業に振り分ける制度が成立した。これは、Kids Firstと呼ばれる基金であり、サンフランシスコ市の制度を後追いしたものである。この一部が、現在、市の放課後プログラムに使用されている。

カキシバ氏による放課後プログラムの予算3パターンの説明：①連邦政府＋州政府＋市（Kids First）、②州政府＋市、③連邦政府のみ

その他、連邦政府、州政府からの放課後プログラムの特別予算があり、学校ごとに、①連邦政府＋州政府＋市（Kids First）、②州政府＋市、③連邦政府のみ、といった三つの予算のパターンでプログラムが実施されている。

5．今後の課題

35年間、EBAYCの活動にかかわったカキシバ氏は、これからのNPOは、経費確保のためのビジネスプランを作ること、また政策のトレンドに沿って公的資金を獲得する戦略が重要だと言う。

近年、オークランドの家賃が高騰し、地域の環境が良くなってきている反面、低所得者は住みづらくなってきている。活動を通じて良いインパクトを地域に

与えたいと考えるが、低所得層の子どもたちの住みやすい地域づくりという目的を果たすには、まだまだ多くの課題があるとのことである。

　放課後プログラムにおける「安全な居場所」という言葉の意味が、日本と異なることに驚く。貧困での生活が犯罪につながるため、ここで言う安全とは、犯罪に陥らないことであり、それへの予防措置としての放課後プログラムの導入なのである。低所得層の子どもたちが、健全に育つための安全な地域づくりという言葉が持つ重みを、あらためて感じさせられた。

岩崎　久美子

＜基本情報＞
East Bay Asian Youth Center, EBAYC
所在地：2025 East 12th Street, Oakland, CA 94606, USA
URL：https://ebayc.org/

| アメリカ |
| 事例7 |

スマート・プログラム
(SMART)

1．スマート・プログラムとは

　低所得家庭の子どもが大学卒の学位を得るのは、アメリカでは極めて狭き門である。スマート・プログラムは、このような大学進学への社会階層のギャップを埋めるため、低所得家庭の小学校5年生～高校生までの子どもたちを対象に、大学進学を可能にするための学業支援や社会的・情緒的支援を行う団体である。

　スマート・プログラムの事務局長を務めるナオコ・サトウ（Nonoko Sato）氏は日系人。7歳の時に両親と共にアメリカ・シカゴに移住。両親は大学を出ておらず、サトウ氏は大学進学をイメージできなかったが、奨学金を得ることで、私立の名門カレッジに進学、将来への道筋や自信を得た。サトウ氏は、このような自らの人生に重ねて、意欲はありながらも進学を断念せざるを得ない低所得家庭の子どもたちに希望を与えることを自らの使命とし、2004年からスマート・プログラムの活動に参加、2008年から事務局長を務めている。

スマート・プログラム事務局長：サトウ氏

2．スマート・プログラムの設立経緯

　スマート・プログラムは、1997年に3人の者が、サンフランシスコ地域の経済的に困っている子どもたちに教育の機会を提供するために始めた活動であ

る。彼らは、専門職で成功したキャリアを歩んでいたが、それは、高い学歴とそれを可能にした経済的支援制度のおかげとの思いがあった。彼らは、その思いを地域に還元したいと考え、放課後プログラムを行うようになる。その後、その活動は広がり、6週間の「夏休み学業強化プログラム」（Academic Summer Enrichment Program:Aim-Highというサマープログラム実施団体との連携プログラム）と「大学進学準備プログラム」（College Access and Success Program）が実施されるに至っている。

3．スマート・プログラムの対象者

　スマート・プログラムのホームページによれば、2015-2016年の対象者は289人。人種の内訳は、ラテンアメリカ系51％、アジア・太平洋系30％、アフリカ系14％、混合4％、アラブ系1％、白人系1％である。対象者の77％は家庭で英語以外の言語を話し、96％は家庭内で初めて大学に進学する者で、75％はアメリカの一世か二世である。4人家族の平均収入は、3万5,494ドル。対象者の28％がひとり親家庭の子どもである。

　スマート・プログラムの中の「大学進学準備プログラム」は、小学校の4年生を対象に募集。応募者は毎年約150人で、このうち25人を選別する。小学校の先生が個人的に潜在的に力のある子どもを推薦してくる場合が多い。優秀な

スマート・プログラムのホームページ

子どもというよりも、今ある環境を改善する意欲がある子どもを対象者として選ぶ。

4．大学進学へのプロセス

「大学進学準備プログラム」で選ばれた6〜8年生（日本の中学校2年生に相当）の子どもには、3日に1度、放課後に学業支援を行う。具体的には、子どもたち100人に対し、17時30分〜19時の間、大学生がチューターとして学習習慣を付ける指導を行う。チューターと生徒の比率は1対1である。その後も、大学進学に至る8年の間、継続的に学業指導、奨学金取得や大学進学に向けたメンタリングが行われる。高校生には、30ぐらいの大学を見に行くカレッジ・ツアーも実施している。

サンフランシスコでは、公立学校のレベルが低い。教員の給与が安く、家賃の高騰で、教員がサンフランシスコ市内に住むことができないため、慢性的に公立学校の教員不足が続いている。富裕層である白人は私立学校に行き、良い教育を享受する。スマート・プログラムでは、評価の高い中学校23校、高校10校とパートナーシップを結び、子どもたちの進学を後押ししている。私立学校に進学した場合には、6年生以降、奨学金を提供する。プログラムの対象となっている子どもで、私立学校に進学した者は4割、公立学校は6割である。

子どもたちは、大学に行く最初の世代である。そのため、大学の制度や生活、貯金の仕方、私立学校の文化などを子どもと同様、保護者にも教育する必要がある。カリフォルニア州内では、カリフォルニア州立大学は奨学金が少なく、カリフォルニア大学バークレー校はレベルが高く入れる者は限られている。東海岸の大学、例えば、ニューヨーク州の大学は多様性を求めているため、カリフォルニアから来る学生に対し、奨

スマート・プログラムの入っている建物：ミッション・ストリート

学金を提供する可能性が高い。しかし、同じ低所得家庭でも、ヒスパニック系やアフリカ系は、家族が一緒に住むことに価値を置き、遠い大学に行ってほしくないと考える傾向がある。一方、中国系は学歴志向が強い。

5．社会を変える力

　サトウ氏は、移民一世としてアメリカに渡ったが、奨学金を受給し、有名私立大学に進学できたことで現在の地位があると言う。やる気がある子ども、現状を変えようとする力を持つ子どもを支援することは、格差ある社会を変えることだとの強い信念をサトウ氏から感じる。人種間に歴然として存在する社会的格差。そのことを乗り越え、現実的なサクセス・ストーリーを紡ぐため、やる気のある子どもに対する難関大学への進学支援という、熱意ある活動がスマート・プログラムを通じて行われている。

岩崎　久美子

<基本情報>
SMART
所在地：1061 Market Street, Mezzanine, San Francisco, CA 94103, USA
URL：https://thesmartprogram.org/

アメリカ
事例 8

ピア・ツー・ピア大学
（Peer to Peer University, P2PU）

1．ピア・ツー・ピア大学とは

　ピア・ツー・ピア大学（Peer to Peer University, P2PU）は、2009年にアメリカで設立されたNPOである。ピア・ツー・ピアという言葉を紐解くと、「対等の者同士」という訳と、「ネットワーク上で対等な関係にある端末間を相互に直接接続し、データを送受信する通信方式」[1]という解説を目にする。ピア・ツー・ピアには、「対等の者同士」が「データを送受信する」という二重の意味がある。

　このピア・ツー・ピアという言葉を冠に掲げるピア・ツー・ピア大学のミッションは、あらゆる人々にオンライン学習の機会を提供することにある。このミッションを実現するため、無償のオンライン教材を使い、公共図書館（学習の場）でオンラインコースを学ぶ学習サークルを運営する。

　今回、アメリカ滞在中に、ピア・ツー・ピア大学の活動を行っているハーバード大学バークマンセンター（Berkman Center）研究員のグリフ・ピーターソン（Grif Peterson）氏のオフィスを訪ね、マサチューセッツ工科大学（MIT）研究員の村井裕実子氏と共にお話を伺った。

ハーバード大学構内

2．オンライン学習にアクセスできない者への支援

　アメリカには、無償教材のオンライン化を推進するNPO等がたくさんある。

その例を挙げれば、Khan Academy、Saylor academy、MITOpenCourseWare、UDACITY、Codecamdey、Coursera、edX、Futre Learnなど数えきれない。

アメリカではICTが生活の隅々まで根付いており、アメリカに滞在するとその充実度に驚かされる。クレジットカード番号をスマートフォンのアプリに登録すれば、配車、レストランの予約などが簡便にでき、大学やカフェなどではWi-Fiを自由に使え、不便を感じることもない。オンライン教材についても、利用できるパソコンが公共図書館の多くに置かれており、誰もがいつでも自由に学習することができる。

しかし、このように世界の中でICT化を牽引するアメリカにあっても、オンライン教材にすべての人びとが平等にアクセスできるわけではない。デジタル・デバイドと言われるコンピュータやインターネットに関する知識の格差は否定できず、無償で誰もがアクセスできるといった情報を知らず機会を享受できない者もいる。そして、このような人々に対する支援も圧倒的に欠如している。

ピア・ツー・ピア大学は、オンライン教材をめぐる明らかな課題に対し、①デジタル・デバイドに対してはファシリテーターによる学習支援、②機会を知らない人のための公共図書館の活用、③支援の欠如に対してはピア（仲間）同士の学習といった学習システム、を提示し、支援を行うのである。

3．三つの要件：ファシリテーター、公共図書館、仲間同士の学習

ピア・ツー・ピア大学によるオンライン学習支援の三つの要件は、ファシリテーター、公共図書館、仲間同士の学習である。

（1）ファシリテーター

ファシリテーターは、オンライン教材の内容の専門家である必要はない。オンラインコースのプラットフォームに習熟し、学習者のために時間等を費やしてくれる人である。ファシリテーターは、1週間に1度、学習サークルを運営し、参加者の議

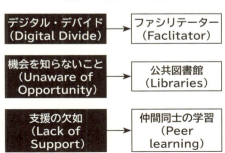

図表1　課題への対応

論を促す役割を担う。

(2) 公共図書館

　公共図書館は、誰もがアクセスしやすい場である。施設・設備としてインターネットが使用でき、電源がある。何よりも、図書・雑誌などを含め、オープンアクセスを使命とする場である。多様な利用者とつながることができ、すべての人々に対し、知識の普及のために働く高い技能を持ったスタッフがいる場でもある。

(3) 仲間同士の学習

　人はそれぞれの専門的能力を持っている。共に学び、つながることは最も望ましい学習のやり方である。

4．学習サークル

　具体的には、オンラインコースを取りたいと思う学習者たちを集め、地域の図書館で学習グループとして組織化する。ファシリテーターの役割については、ハンドブックが作成されており、その内容に従って、ファシリテーターは、学習者の仲間づくりや学習の動機づけ、学習支援を行う。ピア・ツー・ピア大学では参加者は、学習サークルに所属し、オンラインコースを修了すると証明書が発行される。参加者が受講後、ファシリテーターになる場合もある。

　ピア・ツー・ピア大学と共同でプロジェクトを行っているシカゴ公共図書館が2015年に実施したパイロット研究結果では、オンライン学習への参加者の実態を表す次のような数字が挙がっている。

ファシリテーター用ハンドブック

・オンライン学習が初めての者65％
・6〜8週間継続して学習した者45〜55％
・学習サークルへの参加者20％（学習サークルに所属せずに学習した者80％）
・別のオンライン内容にも関心がある者90％

・今後、ファシリテーターになりたいと希望している者60％

　学習サークルでの学習効果として、参加者の声を聞けば、「デジタル・スキルや学問への思考態度が向上した」「専門家の言葉を鵜呑みにしなくなった」「内容の質を判断できるようになった」「多様な学習を志向するようになった」とのことである。

　また、学習サークルの印象としては、「ファシリテーターは、いつも和やかな気分にしてくれ、感謝しています。インフォーマルな雰囲気がとてもよかった」「私は一人ぼっちではなく、学習サークルの仲間と共に書いたり、書いたものをシェアできるという夢を持てた」などが挙がっている[2]。

5．デジタル・デバイドによる不利益をなくす

　ピア・ツー・ピア大学は、現在、多くの公共図書館のパートナーとなり、アメリカ国内のみならず、世界に向けても活動を拡充している。

　移民など、新しくアメリカで生活を始める人々にとって、公共図書館は誰もが自由に入ることができる学習空間である。ピア・ツー・ピア大学は、このような社会教育施設の機能を最大限に生かし、学習サークルという形態で、仲間同士が学び合い教え合う学習システムの構築を試みている。

　ピア・ツー・ピア大学は、ICTを活用したオンラインコースといった現代性を有している。しかし、そこには、先に移民した者が、新しい移民に学習機会の提供と支援を行う、アメリカの成人教育の補償の伝統を感じる。そして、それは、新しい移民を絶えず受け入れていく中で、学習機会と学習の場が草の根的に生まれていくというアメリカ社会のダイナミズムを感じさせるものでもある。

岩崎　久美子

注：
（1）IT用語辞典eWords P2P【Peer to Peer】〈http://e-words.jp/w/P2P.html〉
（2）ピーターソン氏資料による。

＜基本情報＞
Peer to Peer Jniversity, P2PU
所在地：（※ウェブのみ）
URL：https://www.p2pu.org/en/

アメリカ 事例9

NuVu

1. NuVuとは

「創造性は教えることができるのだろうか」。この問いに対する試みを事業化しているのがアメリカ・マサチューセッツ州ケンブリッジを拠点に活動するNuVuである。マサチューセッツ州ケンブリッジは、ボストンと河を隔てた地域で、マサチューセッツ工科大学（MIT）やハーバード大学がある大学都市である。NuVuは、MITの博士課程学生・卒業生によって2010年に創設された。その目的は、独創的に物事を考えられる、問題解決や批判的能力のある人間を育成することにある。

NuVuは、11～18歳の生徒を対象にイノベーションの精神を育てる場である。デザイン化するプロセスを通じて、子どもたちが興味・関心や創造性を持って、新しいアイデアを掘り起こし、それを形にしていく支援を行う実験的な教育施設である。

NuVuでの教育システムは大きく二つある。一つは短期派遣プログラムである。このプログラムでは、公立学校、私立学校、チャータースクール、インターナショナルスクールなどの学校とのパートナーシップにより、生徒は、学期（2学期制、3学期制）のうちの1学期をNuVuで学習する。もう一つは長期プログラムである。これは、1～4年の間、NuVuで学習し、中学校や高校の課程を修了するものである。

短期派遣プログラムは、NuVuへの短期留学のようなものである。一定期間、一つの課題に取り組むことで、

NuVuの入口

生徒はそれまでの学校に戻っても、継続的にNuVuで学んだ思考やスキルを用い、創造的で自信を持った生活が送れるようになるという。

この6年間で学んだ生徒数は3,000人。その中から、起業家、デザイナー、製作者、発明家などが輩出されてきた。NuVuは、学校の教室という閉じられた空間から、スタジオというオープンな教育環境に生徒を連れ出し、子どもの個性や創造性を伸長する新しい教育を提供している。

2．NuVuで提供する教育

NuVuのフロアに入ると不思議な物が目に入る。これは椅子だろうか、ベッドだろうか。さまざまな制作物や制作途上の物があちらこちらに置かれている。広い空間、その一部に会議室のようなスペースがいくつかあり、人がパソコンを開いて三々五々集っている。

入口に横たわる作品

NuVuでは、建築スタジオモデル（architectural studio model）と呼ばれる教育方法を採用する。建築スタジオモデルとは、スタジオのような広い空間で、特定のテーマに基づいて、学際的で協働的なプロジェクトを実施するやり方である。

このように、NuVuには、教育課程、科目、教室はない。オープンなスタジオの中で、約12人の生徒に対し2人の指導者（コーチとアシスタントコーチ）が担当となり、答えのない問いに対する解決策について取り組む。指導者（コーチ）は、物事の気づきから完成までの混沌とした創造的プロセスをいかにくぐり抜けるか、生徒に教えるという。

3．教育スケジュール

NuVuは3学期制で、1学期は11週間から成る。1学期間に、「未来の街」「地球温暖化の将来」「音楽とまちづくり」などの8〜12の特定テーマを持つスタジオが立ち上がり、生徒は、それぞれのテーマを掲げるスタジオに登録する。一つのスタジオは2週間を原則とし、選択した特定のテーマに焦点を当て、その

課題を探求する。スタジオは、一種のプロジェクトを行う場である。スタジオの期間中、生徒とコーチは、毎日9〜15時までの間、一緒に作業を行う（外部レビューに対する発表前は17時まで延長可能である）。

スタジオの雰囲気

生徒は、コーチの支援とともに自分独自のものの見方から課題と向き合い、スタジオ・チームや時には外部のアドバイザーとの何度かのやりとりを通じて自分の考えを形にしていく。そして、自分の考え方やアイデアをプレゼンし、外部の専門家のフィードバックをもらう中で、何度も初期のアイデアを精選し練り上げていく。

スタジオに所属した2週間の最後に、外部から大学教授、実践家、起業家、デザイナーなどの評価者を招き、レビューを受ける。

生徒は、そのほか、NuVuのオンラインプラットフォーム上のオンラインプロファイルに設計の決定に関するレポート・書類や制作物をアップし、一定期間で、NuVuチームがそれらを評価する。このようなポートフォリオの評価は、生徒の主要な学力やライフスキル（創造性、批判的思考、協働、コミュニケーション、研究、定量的推論や分析）の成長や発達の評価でもある。

4．イノベーションとは

NuVuのオフィスはMITの近くにある。生徒は、地理的な利点を生かしてMITやハーバード大学からの人的・物的資源を活用し、工学的技術をコーチしてもらいながら、自分のアイデアをデザインし、創造的で柔軟な思考を広げていく。話を伺った共同設立者であるサバ・ゴホール（Saba Ghole）氏が何度も口にしたのは、「MITやハーバード大学を出た人たちがみな就職できる時代ではない。

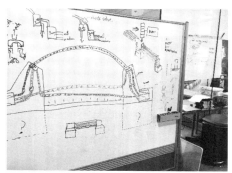

アイデアが書かれたホワイトボード

創造的な思考を育てなければイノベーションはなく、職は生み出されない」という言葉である。創造性を高め、アイデアを育てる実験的な教育の場が、豊かな教育資源のある地域で、大学の人材と連携して運営されている。

　NuVuの取り組みは、アメリカの発明文化の原点やイノベーションの精神を感じさせるものである。

岩崎　久美子

<基本情報>
NuVu
所在地：450 Massachusetts Ave., Cambridge, MA 02139, USA
URL：https://cambridge.nuvustudio.com/

54

第2章

フランス

総　論：子どもの貧困と教育をめぐるフランスの状況	56
事例１：フォーラム・デ・アソシアシオン	63
事例２：余暇・社会統合協会（ALIS）	67
事例３：地域文化・経済・社会協会（ARCHES）	71
事例４：サンプロン	75
事例５：レゾリス（RESOLIS）	79
事例６：パスポート・アブニール	83
事例７：ATDカールモンド	88
事例８：オートゥイーユ職業訓練院	92

フランス
総 論

子どもの貧困と教育をめぐる
フランスの状況

　「フランスは、多くの貧困者がいる豊かな国だ」とよく耳にする。収入がわずかな独り暮らしの高齢者や、1人または複数の子どもを抱えて離婚した母親が、食べ物を求め歩き、「心のレストラン（Restau du Cœur）」[1]や「市民の絆（Secours Populaire）」[2]といったフードバンクに、無料で提供される最低限必要な量の食料品が入ったかごをもらいに行くという光景は、日常的に目にするものである。大都市で見られる「スープ・ポピュレール（Soupe Populaire）」[3]と呼ばれる無料のスープの配布を日々待つ行列は、高い失業率がもたらしたものだ。

　フランス国立統計経済研究所（INSEE）[4]によると、フランスの総人口6,700万人のうち、890万人が貧困線以下（月間収入の中央値の60％―2015年の数値）、すなわち1カ月あたり1,015ユーロで生活している貧困層である。

　5人に1人、つまり300万人の子どもが貧しい家庭で暮らし、36％近くが貧困線以下のひとり親家庭で育っている。また、5人に1人の人が1日3食の食事を賄うことができず、59％の人が貧困の状態になった経験があると言っている。

　さらに深刻な状況がある。2018年には、39％の人が貧困状況にあったと回答し（2017年より2％増）、27％の人が毎日新鮮な果物を食べておらず、19％の家庭が子どもの学校での食堂費を払うのが難しいと言っている。加えて、80％以上の人が、子どもたちの世代は自分たちよりも貧困に陥るリスクが高いと考え、半分以上の人が、1カ月の収入が1,200ユーロ以下であり、そのために医療費を支払うのが難しいと言っている。

　メディアは、頻繁に貧困の状態にある子どもを取り上げるものの、その親の状況と関連付けて論じはしない。とはいえ、親の貧困についても同時に取り組まなければ、子どもの問題は解決できない。貧困に苦しむ子どもは貧困な家庭

の子どもで、ひとり親であることが多いからである。

1．フランスにおける貧困対策

　戦争の翌日に書かれた憲法「第4共和政（憲法前文第11条）」には、国家は「全国民、特に子ども、母親、高齢労働者に、健康、物質的安全、休息、余暇を保障する」とある。しかし、戦後70年経った現在も、このことは実現されていない。フランスの「社会モデル」には、まだまだ不完全なところがある。

　とはいえ、終戦後、所得の再分配システムが実行に移されてきた。家族手当や低家賃住宅（HLM）、子どもの教育のためのさまざまな支援（学用品、食堂費など）、失業手当や積極的連帯手当（RSA）（子どもが1人のカップルには551ユーロ、子どもが2人いるカップルには1,157ユーロ）である。1977年には個別住宅援助（Aides Personnelles au Logement, 以下、APL）ができ、平均所得に家賃が占める割合の平均は35％から19.5％に下がった。APLは、フランスにおいて、貧困に立ち向かう主な手段の一つである。もし、さまざまな社会的給付や、豊かな人から貧しい人へ税金が再配分される制度があれば、フランスの貧困率は14％程度になるはずだが、実際には22％である。

　1981年、フランスで初めての左翼政権が誕生したときのスローガンは、「足りない者にはより多くを与える」というもので、主な政策として優先教育地区（以下、ZEP）が創設された。趣旨は恵まれない地域にある教育施設により多くの資金援助をすることだった。ZEPは2006年に廃止となったが、ZEPの精神を引き継ぐ別の取り組みとして、2014年からは教育優先ネットワーク（以下、REP）と呼ばれるものが形成されている。いずれも、最も恵まれない人々に教育を提供することで、児童・生徒へのチャンスを創出することが目的なのである。

　より具体的に見ると、REPの中学生は、一般の学校に比べて少人数クラスでの授業を受けることができる。また、第6級（小学校6年生相当）までに困難な経済状況に陥った場合には特別なサポートを受けることができ、プロジェクト、遠足、学際的活動のためなどの金銭的援助や、場合によっては近くの寄宿制学校も利用できる[5]。

　ほかには、パリ郊外にあるセーヌ＝サン＝ドニ県のモンフェルメイユ（Montfermeil）のボスケという恵まれない地区の例が挙げられる。多くの失業

第2章　フランス　　57

者や治安が悪いといったハンディキャップを抱えるこの地区をゲットーと呼ぶ人もいる。モンテーニュ研究所（Institut Montaigne）がこの地区で行った研究によると、この地区の問題は、学校、教育、雇用、交通、健康の五つに分けることができる。

　学校について見てみると、例えば、小学校や中学校の校長と教員に、企業の社長のようなイニシアチブをとれるようにし（その結果、報酬は２倍とする）、この地区に社会の多様性を再導入して脱ゲットー化に精力的に取り組んだりすることが提案された。また、若者を教育し、就職までメンターをつけてサポートするため、フランス国立工芸院（CNAM ）と協定が締結された。

　フランスの富裕層と貧困層の格差を減らす提案の裏には、教育予算の増額を求める切迫した要望があった。ところが、現実には1996～2006年の間に、教育費支出は国家予算の7.7％から6.7％になり、230億ユーロ減少した。この削減額に相当する財源があれば、とりわけ優先教育地域でクラスを二つに分けることが可能であろうに。

　一部の専門家は、フランスは教育費を減らすことで、より適切に財源を使うことができると指摘する。フランスの教育システムの背後には、学校がグランド・ゼコールを経由させて超エリートを生み出す一方、普通の学生は大学に向かわせるという隠れた問題があると思われる。異なる二つの速さの教育システムが厳然として存在し、これに対してどうすることもできず、何かをやる気にもなれず、ただ微笑むしかないのが現状なのだ。

　教育界における貧困の問題は、所与のものとして扱われなければならない世界的な問題の一つだ。しかし、フランス革命やナポレオン時代にまで遡って口にされる「欺瞞」に誰が異議を唱えられるのだろうか。平等な機会を与えると言いつつも、実際はエリートに特権を与えているという欺瞞に。例えば、グランド・ゼコールの学生は質の高い教育を受けることができるだけでなく、給与も与えられているのだ[6]。

　統計と報告書はフランスの貧困状況を部分的にしかとらえていない。優先地域（ZEP、REP）を対象として、地道な努力がこれらの地域ではなされているが、当然ながらこのような地域に指定されていない所にも貧困に苦しむ人は同様にいる。このような人々が何かを訴えることはほとんどなく、一人で暮らしていたり、窮迫した家庭で生活したりしている。さまざまな援助の恩恵を受け

ることもできるが、利用してはいない。農村地域の貧困状況についても懸念はある。

　例えば、小・中学校に在籍する恵まれない児童・生徒の75％（320万人の学生）は、REPに属する学校では学んでいない。つまり、彼らはREPの恩恵にあずかることができないのだ。

　フランスの教育政策に目を向ければ、国は、小学校から大学までの教育に対し、問題意識を持ってその対応をしてきており、確かに教育の無償化は意味のない言葉ではない。ただ、貧困状況を特定することが難しいため、その対応に向けての努力が拡散しているように思われる。

　さらに、貧困を引き起こす要因には、勉強に対し学生が給与を与えられるという時代錯誤とも言えるグランド・ゼコールの人々が置かれた社会的状況がある。この昔からの伝統は、彼らのキャリアにも非常に影響する。19世紀にエリートを守る必要があったフランス社会の施策は、質素な家庭から来た優秀な学生にとっては有効な社会への階段だったが、現代社会、そしてピエール・ブルデュー（Pierre Bourdieu）以降の研究では、以下のように言われているのである。

　「ほとんどのグランド・ゼコールの学生は、経済的、社会的そして文化的に恵まれている家庭の子どもである。このような人々に付与される財源を、恵まれない人々が抱えている広範で複雑な教育の問題の解決に使うことはできないのだろうか」と。

2．貧困に立ち向かうアソシアシオンのダイナミズム

　このようなフランスにおける状況の中で、立ち上がる人々もいる。

　フランス人は、定期的に抵抗する国民、積極的に立ち向かう国民、国の問題に対して革命の精神を持つ時にこそ幸せを感じる国民、というイメージを外国に与えている。革命以降、フランスの歴史のすべてはここに原点がある。「市民たちよ、武器を取れ…」と国歌にあるように。

　この民衆の積極的な抵抗の根底には、アソシアシオン（結社）[7]、相互扶助、連帯、他人への懸念、そして「公共のもの」（レス・プブリカ）の精神がある。フランス人は団結し、さまざまな組織・団体の枠組みでイニシアチブを取ることを好む。アソシアシオンの精神とは、欠けているものを補い、ある種の解毒

第2章　フランス　　59

剤となり得るものであり、心のよりどころとなる砦を壊そうとする脅威に抵抗するものである。

1789年の革命以前の旧政体では、「結社を結成する自由」と「結社に加入する自由」は禁止されていた。ナポレオン1世は、大変、警戒していたのだ。事実、アソシアシオンとの衝突のために、1848年の革命の際には、ルイ＝フィリップ国王が退位に追い込まれている。

今日のアソシアシオンは、19世紀および20世紀に起きた数々の闘争の結果もたらされたものであり、その権利は、世界人権宣言（1948年12月10日）20条によって保障されている。

現在、フランスには130万以上のアソシアシオンが存在していると言われる。アソシアシオンには180万人の職員がおり（フランスにおける雇用の8％、うち70％が女性）、2,200万人以上のボランティアがいる。収入（寄付金、補助金、会費など）は国内総生産（PIB）の3.3％（年間700億ユーロ）に相当し、ボランティアの労働1時間当たりに相当する額は、150万フルタイム当量（ETP）[8]である。ボランティアの数は、毎年5％ずつ増えている。

アソシアシオン法は、その責任者に報酬を与えることを禁じているが、職員に対しては給与を支払うことができると規定している。アソシアシオンの種類はさまざまであるが、そこには約180万人の雇用が存在する。これは莫大な数で、アソシアシオンが存在しなければ、国の機能やダイナミズムに影響を与えることが予想される。フランス人にとって、アソシアシオンのために無償で奉仕するほど、幸せなことはないようだ。アソシアシオンを通じて国が抱える問題に自由意思で参画することが、フランス人の間では日常的なのだ。

フランス全国民に知られている憲法と同様に貴重な法律がある。1901年7月1日に制定されたアソシアシオン法である。この法律は、アソシアシオンの一般原則を規定する。

アソシアシオンが直面する喫緊の課題は、新たに生み出し得る予算の確保である。国は、その重要性や、法律で公益性があるとし助成の必要性を認識したアソシアシオンに対し、出資額を減少させるよう働きかける傾向がある。そのため、アソシアシオンは、しばしば、金銭または物資による個人寄付を募っている。

社会生活に関するすべての分野に、アソシアシオンは基本的に携わってい

る。スポーツ、レジャーや文化的なアソシアシオンは、釣りやペタンクやフォークダンスなどの町や村での集まりに関するものであり、あまり話題には上らない。最もメディアに取り上げられるアソシアシオンは、公営住宅、医療・社会、社会的行為、人道援助、チャリティなどの分野である。

　国はアソシアシオンと長く闘争を続けてきたが、アソシアシオンが地域の日常生活において、民主主義の重要な機能と要素を担っているため、頼らざるを得ない状況にある。

　医療・社会分野の例を挙げると、民間の医療・社会住宅（老人ホーム、病院、幼稚園など）の75％をアソシアシオンが管理している。また、障がい者の社会的統合に関してはアソシアシオンが市場をほぼ独占している。

　教育分野では、小学校、中学校、高校で受け入れられた子どもの5分の1に対する課外活動、自然教室、サマーキャンプなどはアソシアシオンが担っているのである。

　例えば、フランスの多くの路上で行われた2018年12月の「黄色いベスト」のデモ。このデモによって、新しいアソシアシオンが生み出され、彼らの意見が民主的な議論に影響を与えることは間違いないであろう。

ジャン＝フランソワ・サブレ

注：
（1）心のレストラン（Les Restaurants du cœur, Les Relais du cœur）、Restos du cœur（レスト・ドゥ・クール）という名前で知られている。1901年のアソシアシオン法に基づいて1985年に喜劇俳優のコリューシュ（Coluche）によってフランスで作られた非営利かつ公益の事業団体である。2017年には1億3,000万の食事を提供し、提供数は年々伸びている。フランス全国に2,100のセンターがある。この団体は基本的にボランティアで構成されている。フランス国民の7％、つまり480万人が食糧援助を利用（2015年の数値）している。
（2）le Secours Populaire（ル・スクール・ポピュレール）（https://www.secourspopulaire.fr/histoire）。1945年に発足し、あらゆる構造的な貧困状況だけでなく、起こり得る貧困にも取り組む団体。
（3）高い失業率が日々スープの配布を待つ行列を生み出した「スープ・ポピュレール（la Soupe Populaire）」（https://fr.wikipedia.org/wiki/Soupe_populaire）。メディアに取り上げられる団体や財団だけが名前を知られているが、郊外や地方にはさまざまな形態の貧困に精力的に取り組むボランティア活動が多くある（食料、住居、健康、衣類など）。しかしながら、貧困は存在し続けている。
（4）INSEE（Institut national de la statistique et des études économiques、フランス国立統計経済研究所）

（5）フランスには、24万4,000人（男子13万7,000人と女子10万7,000 人）の寄宿生が学ぶ1,634の公立の寄宿制学校がある。

（6）フランス国立行政学院（ENA）の学生は月に1,672ユーロ。高等師範学校（ENS）の学生は1,494ユーロ。国立司法学院や国立民間航空学院の学生は、月に額面で1,662〜2,300ユーロなど。その代わりに、卒業した後、国のために最低10年は働かなければならない。

（7）アソシアシオン（association）とは、フランスにおいて趣味や嗜好を同一にする者たちにより形成される自発的結社であり非営利団体である。税制の優遇を受けて組織的に運営されているものから、団体設立を申請しただけで活動をしていないものなど、形態、活動領域、規模などは多岐にわたる。

（8）一人の常勤職員が処理することのできる仕事率を表す単位。

フランス 事例1

フォーラム・デ・アソシアシオン
(Forum des Association)

1. アソシアシオンの日

　9月の秋晴れの日に開催されたリモージュ(Limoges)市のアソシアシオンによる祭典、フォーラム・デ・アソシアシオン（Forum des Association）に参加した。リモージュ市は、フランスの中心に位置し、その昔は軍事的要衝として栄えた。また、リモージュ焼きという陶器でも有名であり、ルノアールが陶器の絵師としてその才能を花開かせた地でもある。

　しかし、フランスの他の地域と同様、この風光明媚なリモージュにおいても貧富の差の拡大や移民の問題等、社会的な課題が表出してきている。その課題に対して、フランスではアソシアシオンと呼ばれるNPOが数多く活躍している。アソシアシオンは1901年に制定された法律に基づいて設立された団体を指し、フランス全土では

フォーラム・デ・アソシアシオンの案内図

約130万の団体が活動していると言われており、リモージュでも約300団体が活動している。

　フォーラム・デ・アソシアシオンは、そのアソシアシオンの活動内容を広く市民に知ってもらうための重要な機会である。主催は行政であるリモージュ市であり、参加しているアソシアシオンは約400団体である。

2. アソシアシオンの種類

　例えば、日本でおなじみのボーイスカウトの団体も参加しており、先日、世

第2章　フランス　63

界大会のジャンボリーが日本で実施されたときに訪日したと話してくれた。また、日本にはないところでは退役軍人の会もあり、自分たちのこれまでの戦績を後世に伝えるべく活動しているとのことであった。さすがに元軍人なので、政治的な質問には一切答えなかったことが印象的である。

リモージュ副市長の案内でブースをまわる

特に、スポーツ系のアソシアシオンの出展が目立っていた。そして、その中でも日本の武術である空手や柔道等は特に多かった。フランスにおける柔道人口が多いとの説明を受けて、日本とフランスとの関係の深さを改めて実感する機会でもあった。

このように、柔道等の武術も含

演武の披露

めスポーツ系のアソシアシオンが数多く活動している背景には、フランスの教育環境が影響している。フランスでは、日本の学校にあるようなクラブ活動が少ない。そこで、多くの子どもたちは学校終了後、アソシアシオンが実施するスポーツプログラムに参加している。日本とは違い、教育内容によってそれぞれ担う団体があり、分化している点が大きな特徴ではあるが、一方で学校教育の中で一体して行う日本の教育にも良い点はあり、一概にどちらの教育方法が良いとは判断がつきにくいところである。しかし、フランスの市民が積極的に関与しようとする姿勢は大きく評価すべき点ではある。

3．アソシアシオンへの定年前の参加

会場では、貧困家庭の支援をしているジャン＝ミッシェル・ルフェベール（Jean-Michel Lefebvre）氏に話を伺った。ルフェベール氏は、フランステレコムという大手企業に勤めており、現在アソシアシオンに1年間出向している。

フランスでは、企業がアソシアシオンに社員を出向させると税優遇を受けられる制度がある。ルフェベール氏も定年まであと2年というところでアソシアシオンに出向し、退職後は引き続きここの事務局長として活動することを決めている。

　日本では企業がNPOに資金的な支援をすることが主流であるが、フランスのように社員が定年前にNPOに出向することは非常に有用である。定年退職後のシニアの活躍の場としてNPOに対する期待は大きいが、退職してすぐにNPO活動になじめるかどうかは疑問である。やはり、一定程度、NPO活動に慣れていく期間を設ける必要がある。

　そのためにも事前に企業が、在職中の社員をNPOに派遣しておけば社員は安心してNPO活動に専念できるようになる。さらに企業にとっては、退職後のセカンドキャリアを描きつつ、自分の関心の高いテーマを学べる機会を提供するという生涯学習の環境提供にも結び付くのである。

４．中間支援組織

　筆者が所属する認定特定非営利活動法人大阪NPOセンターは、NPOを支援するNPOであり、市民や他セクターとNPOをつなぐ中間支援組織と呼ばれる団体である。フランスでもアソシアシオンを支援するアソシアシオンが存在すると聞いていたが、今回のフォーラム・デ・アソシアシオンでは、ブースは2団体あったが、いずれも不在だったため、残念ながら話を伺うことはできなかった。

　ほかの団体に中間支援組織について聞いたところ、あまり活用できていないという答えが多かった。これは、団体が自立できているのか、あるいは中間支援組織の実力が不足しているか定かではないが、いずれにせよフランスにおける中間支援組織は、まだまだ発展途上であると思われる。

　日本でも、フォーラム・デ・アソシアシオンのようなイベントを中間支援組織が中心になって行っている。例えば、大阪NPOセンターが実施している、ソーシャルビジネスのプランコンペを公開で発表する「ソーシャルビジネス・フォーラム」、あるいは特定非営利活動法人関西国際交流団体協議会が実施している「ワン・ワールド・フェスティバル」のように、関西一円のNGO／NPOが多数参加する大規模なイベントもある。日本では近年、行政の財政悪化に伴い行政主体のイベントは減少しているが、逆に中間支援組織が中心となって広く

第2章　フランス　65

市民にNPOの活動を知らせる機会を提供している。

　以上のようにフランスと日本とでは、実施主体の違い等はあるが、どちらの国でも共通して、広くNPOの活動を市民にできる限り知ってほしいという強い思いに帰依していることは、間違いないようである。これからさらに日本とフランスのNPOの交流が促進され、新たな教育のあり方を協働で探るような機会が創出されることを期待したい。

堀野　亘求

<基本情報>
Forum des Association
所在地（開催地）：Caserne Marceau, 64 rue Armand Barbès, 87100 Limoges, France
URL（ニュース）：http://www.ville-limoges.fr/index.php/en/component/content/article/
　　　　　　　　3470?layout=actualites

| フランス 事例2 | 余暇・社会統合協会
(Association de Loisirs et d'Intégration Sociale, ALIS) |

1. 余暇・社会統合協会とは

　余暇・社会統合協会（以下、ALIS）は、リモージュ（Limoges）市にある民衆教育のための非営利団体（以下、アソシアシオン）である。リモージュは、2014年に共和党の市長が選出される前は、長らく社会党政権下にあった市で、アソシアシオンの活動が盛んな地域の一つである。

　ALISはフランスの民衆教育の流れをくむアソシアシオンであり、そのミッションは、違いの尊重と多様な人々の共生を目指し、社会統合を促進、排斥・差別に立ち向かうことにある。

　民衆教育活動とは18世紀に工場などの労働者から発せられた「民衆による民衆のための教育」を行おうとする運動である。フランスの非営利活動は、1901年の「アソシアシオンに関する法律」により、結社の自由が認められたことで、自由に目的に沿った活動が可能となった。このような歴史的背景から、アソシアシオンの多くは、自立して民衆のために戦うという「ミリタンティズム」（militantisme）という共通の価値観を有す。共生や社会統合の理念の下、このような民衆教育の歴史の流れと符号してALISの活動が行われている。

地域に活動拠点を置くALISのオフィス

2. 設立経緯

　ALISは1996年の設立である。ALIS代表者のジャッキー・カノ＝ジーボ（Jaquie Kano-Djibo）氏によれば、障がいを持った子どもの親6人が、「自分の

第2章　フランス　67

代表カノ゠ジーボ氏によるALISの活動説明

子どもたちも他の子どもたちと一緒に学校外でのスポーツに行けるようにしたい」という思いから活動を始めた。当時は障がい児は特別支援学校に分離され、夏休みの余暇センター等の施設利用も健常児と分けられていた。カノ゠ジーボ氏の中には、「子どもは子どもであり、障がいがある子どもであっても社会に統合されるべき」との問題意識が強くあった。

設立当初は、障がいを持った子どもの親が集まっただけの素人集団だった。政治家に働きかけるなどの具体的な活動をしたが市は動かず、異端視されたそうである。社会的課題を訴えるだけでは埒が明かず、社会活動を真摯に行うことが先決と考え、ALISに正規職員2人を雇用し活動を始めた。現在では、ALISは、正規職員が40人、夏期期間にはパートタイムを40人も雇用する組織に成長した。「人材こそが武器」との信念を持つ。

3．収入と支出

収入の内訳は、県の補助金が32％、リモージュ市の事業経費が20％、政府の若年失業者への雇用支援経費が19％、家族や青少年からのイベント参加費が13％、国、地域などの補助金が10％、その他、キャンペーンや企業寄付などが6％である。

このうち、最も多い県の補助金は、県の責務である社会的弱者への支援サービスをALISが代替して行うことへの対価である。例えば、障がい児が特別支援学校ではなく普通の学校に行くことは、県にとっては予算の節約となる。二番目に多い市の事業経費は、貧困地域に対する経費である。市では貧困地域に対して何をすべきかわからないことが多く、市役所から相談がALISにあった際、やれそうな事業については予算をもらい実行する。これは、「壊れた社会を繕い直す」仕事だという。例えば、リモージュ市では、学校が16時に終了するが、働く人々は子どもを迎えに行けないため、16〜18時の間、幼稚園、小学校、中学校を場として、シリアやイランからの移民が多い地域で放課後活動を行って

いる。市長には、市の予算をALISの活動に提供することは、「社会的平和を買うことである」と主張して交渉するそうである。また、市から企画が出たとき、事業にすぐ手を挙げられるよう常にアンテナをはっている。家族や青少年のイベント参加費は、無料にはせず、所得に応じ、2ユーロ以上を必ず取る。理由は、サービスを受ける権利を保障するためである。これらの収入の約70％は人件費に使われている。

4．活動内容

主たる活動は、第一に、「社会センター」というもので、1998年から行っている。現在、全学校に普及し、対象者は500人（360家族）、そのうち50人は障がいを持っている子どもである。これらの対象者には、市民教育を行い、小さなことでも自分でできるよう自立を支援する。休暇中に国内外での長期間の滞在型の余暇活動を行うが、この参加費の10％相当は、自ら作ったケーキをイベント時に販売するなどで得たお金で自己負担するよう促す。第二に、「生活の家」（foyer vie）と呼ばれる障がい者35人に対する自立支援がある。第三に、2014年から始めた「社会生活の場」（Espace de Vie Sociale, EVS）と呼ばれる女性の自立支援がある。対象は、貧困、あるいは独り暮らしの40～60歳の女性50人である。地域で打ち合わせを行い、古着や古い家具を修繕しリフォームして販売する店など、働く場をつくる。利益は本人たちの収入であり、現在30人が働いている。

5．今後の課題

ALISの活動は、障がい者、移民、貧困者、孤独な高齢者など、社会から排斥・差別される弱者に対する自立支援にある。社会的課題の解決を目指す上では、政治的イデオロギーの違いは関係なく、共和党になっても市との関係は維持されているという。ALISは、障がい者の社会へ

ALISのパンフレット

の統合という個人的な思いから始まった活動であるが、組織的活動へと発展し、現在では、市に政策提言も行う実践力ある非営利団体として安定的に成長している。引率してくださった方によれば、カノ＝ジーボ氏の政治的手腕に市も一目置いているとのことであった。

「壊れた社会を繕い直す」という言葉が、カノ＝ジーボ氏の信念であり、弱者の自立や共生に向けた活動の柱になっている。また、「自らが弱者の支援活動をすることが、市・県・国にとっては、経費の節約になる」という発想は、行政とNPOの連携・協働の新しい社会福祉モデルとしての姿を物語っており、わが国でも注目すべきものであると思われる。

岩崎　久美子

＜基本情報＞
Association de Loisirs et d'Intégration Sociale, ALIS
所在地：209 rue Aristide Briand, 87100 Limoges, France
URL：https://www.association-alis.com/

フランス 事例3　地域文化・経済・社会協会
（Association Régionale Culturelle, Economique et Sociale, ARCHES）

1. 地域文化・経済・社会協会と地域の特性

　地域文化・経済・社会協会（以下、ARCHES）は、フランス中部に位置する人口約14万人のリモージュ（Limoges）市に存在する貧困な移民家庭の青少年健全育成に取り組む非営利団体である。

　インタビューを行った組織責任者によれば、団体の位置付くボーブレイユ地域（Beaubreuil）は、1970年代からベトナム、セネガル、マリーなど旧植民地であった東南アジアやアフリカ諸国からの移民世帯が多いという。現在の人口は、約1万1,000人である。そのうち、37％は25歳以下であり、人口に占める青少年の割合が高い。高校卒業後に大学1年生まで修了した学生の割合は男子3.6％、女子6.4％と極めて低く、保護者の子どもの教育に対する意識も総じて低い。反対に当該地域の25歳以下の青年の失業率は50％以上と高く、25歳以上の青年の50％以上は無資格者であるという。この地域は貧困が深刻であるとともに、18歳以上の青年・成人の3人に1人は6カ月以上、刑務所に入った経験があるといい、治安も非常に悪い。例えば、かつてここには警察署、ソーシャルセンター、病院が存在したが、いずれも放火により焼失し、インタビューの時点（2016年9月）では各施設は閉鎖されていた。

　ARCHESは、日本では想像し難い貧困と治安の

ボーブレイユ地域の貧困世帯が居住する集合住宅群

第2章　フランス　71

悪化した地域において、住民や青少年を対象に①共和国への愛、②市民としての価値、③共に暮らすことの意味、といった基本的な市民意識の涵養を図り、さらに児童・生徒に安全で安心できる居場所の確保、学びの空間と学びの機会の提供等を主たる目的とする活動を行っている。

２．年間予算、活動時間、活動プログラム

　ARCHESは、年間予算、約12万ユーロ（約1,400万円）で運営している。今年度はさらに約２万ユーロ（約240万円）の寄付が地域から提供された。今後は地域からの寄付金を、５万ユーロまで増加させたいと考えている。平日（月〜金）の活動時間は、17〜22時、土日の活動時間は10〜22時まで行っている。

　ARCHESの活動プログラムは、12歳〜高齢者までを対象とする多様なものがある。活動プログラムの40％は市民の提案により、残り60％は非営利団体の提案によることを理想としている。具体的には、以下のようなプログラムがある。①青少年の学校外活動の支援としてアルバイト（ハンバーガーショップなど）でのサービスの仕方の指導プログラム、②青年の政治参加を高めるための政治教育プログラム、③３週に１度の頻度で実施しており、計45カ国の異なる国籍の市民が食事をしながら交流する、「世界の料理」というイベント、④月に１回の頻度で実施する、専門家を招き、講義を受講し話し合いを行った後、参加者が共に夕食を食べる「共に住みましょうディナー」というイベント。それらの事業により、地域住民の交流や相互理解の促進を図っている。その他、ARCHESのあるオフィスには、児童・生徒がいつでも静かに学習できる部屋（空間）を確保し、提供している。

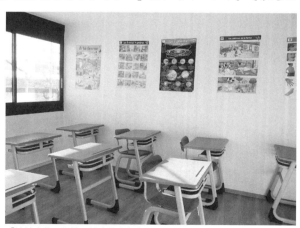

「地域文化・経済・社会協会」（ARCHES）のオフィス内にある児童・生徒のための学習室

3．非営利団体と学校、家庭との契約について

　ARCHESは青少年の健全育成に当たり、家庭や学校との連携を重視している。ここで言う連携とは団体と地域や学校が協働で単発型のプログラムを実施するという意味ばかりではない。団体と家庭、学校が契約を交わし、児童・生徒の生活や学習環境の改善のために継続的な支援を行うことも意味している。現在、パイコット事例は10人の児童・生徒とその保護者を対象としているが、今後この取り組みが成功すれば30人にまで対象者を増加させる計画だという。

　活動の概略は以下の通りである。まずARCHESと学校と家庭が相互に契約を結ぶ。ARCHESは①月に1度、団体関係者が児童・生徒の家庭訪問を行い、子どもの生活や学習環境の実態を見極める（十分なスペースのある空間で生活しているか、静かに学習できる環境はあるかなど）、②高校進学について、保護者や生徒があまり望まない場合が多くあるが、時間をかけて話し合う。普通科の高校を希望しない場合は、職業高校の選択肢もあるなど、進学に関する積極的なアドバイスを行う、③この取り組みにより不登校児童・生徒の予防や不登校前の児童・生徒の分析が可能となる、④最終的に児童・生徒の生活・学習環境の改善と保護者の進学・就職への動機付けを行う。

ボーブレイユ地域内の小学校

4．今後の課題と日本への示唆

　インタビューにおいて組織関係者は、非営利団体にとって大切なことを4点挙げた。非営利団体の人間は①待つこと、耐えること、②共に活動する人材を見いだすこと、③人間関係のプロジェクトを大事にすることが特に重要であること、そして④活動場所は小さな場所で良いという。これらは、いずれも日本の児童・生徒のさまざまな支援に共通する観点と言えよう。日本では非営利団体と学校、家庭が契約を結び、長期的・継続的に児童・生徒や保護者を支援す

る体制づくりをしている例は少ない。「短期的な支援から長期的・継続的支援へ」という観点は、今後の日本の同様の実践や施策においても取り入れるべきものではないだろうか。

金藤　ふゆ子

＜基本情報＞
Association Régionale Culturelle, Economique et Sociale, ARCHES
所在地：Maison des Association, 4 allée Fabre d'Eglantine, 87280 Limoges, France
URL：（※登録なし）

フランス 事例4 サンプロン
(Simplon.co)

1．サンプロンとは

　サンプロン（Simplon）は、失業や貧困の状態にある若者を対象に教育訓練を行い資格を付与することで、IT労働市場での雇用創出を試みる社会的企業である。サンプロンの名前の由来は、フランス語のsimple formation（「簡単な訓練」）である。

　サンプロンは、パリの東に位置するモントルイユ（Montreuil）市にある。モントルイユ市はかつて工場が多くあった地域で、現在は廃墟となった跡地の再開発が行われている。サンプロンの建物もかつてはゴム工場であった。モントルイユ市は、毎週土・日・月に開かれる「蚤の市」が有名であるが、経済的に恵まれない移民が多く住むところでもある。

　サンプロンの企業理念は、IT労働市場での雇用創出である。ウェブサイト制作者、アプリ開発者、マークアップエンジニア、デジタルアドバイザーなどを養成する無料の教育訓練を提供し、資格や修了証書を出す。男女同等を目標に、「優先地域」とされる郊外の恵まれない地域の出身者で資格がない25歳以下の青年、長期失業者、障がい者、移民など、就職が困難な層を対象とする。受講者の選定に当たっては、事前のIT知識は問わないが、強いモチベーションやITに対する興味・関心、チームで取り組む協調性が要件とされる。

ゴム工場の建物を使ったサンプロンの施設入口

第2章　フランス　75

2．設立経緯

　サンプロンの共同設立者の一人であるエルバン・カザール（Erwan Kezzar）氏によれば、急速なIT化の中で、専門的人材不足を痛感した友人がIT関連の労働市場では、資格がなくてもプログラム作りは可能であり、雇用創出の可能性がある領域と感じ、2008年に会社設立のアイデアを出した。カザール氏らは、ウェブ制作の知識もなく、また会社もつくったことはなかったが、インターネットの知識のみでウェブ制作のための独学プログラムを作成した。そして、これを多くの人に普及するため、2013年に3人で共同出資し会社を設立した。当初予算は2カ月分程度しかなく、リスクを最小限にし、経験だけが頼りの手探りのスタートであった。当初は生存をかけた植物が新しいDNAをつくるように、生き残るために毎月、ビジネスモデルを考えることが大変であった。

　現在、確立したビジネスモデルは、「IT関連の労働市場の需要に対し、人材を教育訓練し供給する」ことである。正規職員は46人、フランス国内とアフリカなどに25カ所の支部がある。

　サンプロンは、その後、2014年に制定された「社会的連帯経済」（économie sociale et solidaire, ESS）法に基づく企業に位置づけられた。「社会的連帯経済」を担う法人としては、非営利団体、共済組合、協働組合、基金のほか、社会的排除・不平等対策、市民教育等の社会的効用を求める会社も認められる。これらの「社会的連帯経済」の法人は、公共部門が担うべき「社会の再生」（réparation sociale）を補助する活動を行うもので、利益追求を抑制し、民主的な経営による公益事業の実施を目的とする。

サンプロンのロゴ

3．活動内容

　ITの教育訓練は無償で、6カ月の短期集中で行われる。クラスはいくつかあり、ウェブサイトのフロントエンド関連のプロジェクトののち、バックエンドでの訓練を経て専門家となるクラス、3週間企業等で働き1週間サンプロンで学習するというパートタイムコース、あるいは、新規移民が定住するまでの短期間コース（すぐに雇用につながることもあるが教育環境に戻すこともある）

IT教育訓練風景

のクラスなど、さまざまである。資格は、サンプロン独自のものと生涯学習機関で資格認定も行っているフランス国立工芸院（CNAM）に申請して取得するものがある。

学習は自主性を重んじ、受講生の中で優秀な者が中心となって教え合う。プロジェクト・ベースで、サービスを提供する企業等と実際に仕事を企画する場合も多い。

会社の財源は、主に五つである。一つ目は、デジタル・コーチングによる収入である。大企業のみならず、小規模の企業やアソシアシオンなど、ITのコーチを求めているところは多い。郵便局などデジタル化が遅れているところも顧客である。デジタル化のためのプロジェクトを学生と企業等の人々が一緒に企画し実施する。二つ目は、受講生に対する政府からの奨学金である。三つ目は、フランチャイズ方式による収入である。例えば、マルセイユにあるグランド・ゼコールであるエコール・サントラル（École Centrale）の技術者から、貧困地域の者を対象にサンプロンを行いたいとの希望があり、場所やノウハウを伝授することで対価を得た。四つ目は、政府からの失業者のための教育訓練経費である。受講生の教育訓練費が無償であるのは、この経費による。つまり、政府が顧客ということである。最後に、五つ目として、実験段階ではあるが、企業のメセナ活動の支援として、移民対象のサンプロン基金を設けている。これはコンサルタント会社のアクセンチュアなどが拠出して成功しており、事業拡大を企図している。

4．今後の課題

貧困地域や移民の多い地域では、学校に行かない子どもがたくさんいる。「興味を持って興味のない人に興味を持たせようと奮闘努力している」とのことである。教育からこぼれ落ちた子どもたちにモチベーションを持たせることが大

事と話されていた。

　これからはデジタルの時代であり、単純なウェブサイトは誰でも作成可能とカザール氏はいう。ITは、大企業のトップであっても、若い世代から学ぶ必要がある場合が多く、サービスを求めてくる。顧客の需要に応じて、人材供給することを常に考えているとのことであった。

　サンプロンの活動は、ビル・ゲイツから応援の言葉をもらい、また、オランド大統領が訪問するなど、メディアに取り上げられることも多い。

　ラテン・ギリシャ語などの古典語習熟が学校での成功の指標であり、社会階層が資格・学歴を介して再生産されるフランス社会では、移民が雇用を維持・確保し、栄達を遂げるのは困難である。しかし、ITという若い世代がより適応可能な領域で、サンプロンという社会的企業によって、年齢や階層を超えた新たな労働市場が開拓されようとしている。

岩崎　久美子

【参考文献】
・服部有希「社会的連帯経済法―利益追求型経済から社会の再生へ」国立国会図書館調査及び立法考査局『外国の立法』2014 年11月

<基本情報>
Simplon.co
所在地：55 rue de Vincennes, 93 100 Montreuil, France
URL：https://simplon.co/

フランス

事例5 レゾリス

(Recherhe et Evaluation de Solutions Innovantes et Sociales, RESOLIS)

1．レゾリスの概要

　レゾリスは、免疫学者でありパスツール研究所の所長も歴任した、現コレージュ・ド・フランス（フランスの学問・教育の頂点に位置づくと目される国立の特別高等教育機関）の教授であるフィリップ・クリルスキー（Philippe Kourilsky）氏が2010年に創設した、貧困対策に取り組むNPOの情報公開とネットワーク化を推進する民間非営利団体である。筆者を含む調査チームは、2016年9月にパリ中心部にあるレゾリスのオフィスでクリルスキー氏本人とレゾリス職員1人にインタビュー調査を行った。

　レゾリスの人員は、現在5人の女性職員で構成されている。その他、約20人のボランティアスタッフがいる。さらにコレージュ・ド・フランスの教授が5〜6人、ボランティアで参加しているという。貧困と戦うためにいかに知識を活用するかが、当団体の主要なテーマである。この考え方や活動は、コレージュ・ド・フランスに現存する研究分野とも考えを一にしており、「貧困と戦う科学（Science）」を志向しているという。年間予算は約30万ユーロ（約3,600万円強）あり、この種の規模のNPOとしては予算額が大きい。それらの予算は、主にフランス電力（Électricité de France）などの企業やフランス財団（Fondation de France）などの財団、さらにはわずかではあるが地方行政等から拠出されている。

　レゾリスの活動は、貧困対策にかかわる民間非営利団体を単につなぐという意味を超えて、いわゆるナレッジ・マネジメントの発想に基づく、非営利団体の知識の共有・明確化および非営利団体の組織化の推進を目的とするものと言えよう。以下、具体的な活動を紹介しよう。

第2章　フランス　79

2．レゾリスの主な活動内容―貧困対策に取り組む非営利団体のネットワーク化の推進―

　クリルスキー氏によれば、フランス全土には現在、約130万の民間非営利団体があるという。それらの非営利団体に投じられる国の予算は膨大であり、非営利団体で働く人は、フランスの全労働人口の約10％に上るとされる。しかし、これまでフランス政府は、非営利団体の活動内容や活動の実績（結果・成果）をほとんど一般に公表していない。

　しかし、個々の非営利団体の活動内容や実績に関する情報が公表されれば、類似の非営利団体が連携・協力する可能性は高まり、それによって、より組織的で大規模な支援活動も可能となる。レゾリスは上記の問題意識の下、非営利団体が個々に有する知識の共有化・明確化を図り、貧困対策の支援をより組織化・効率化し、さらには新たな事業の創造・発見につなげる活動に取り組んでいる。

　情報公開のための作業の手順は、以下の通りである。まず、①貧困対策に取り組む民間非営利団体の活動内容や結果・成果に関する基本情報を掘り起こし、②各団体の情報をレゾリスのウェブサイト上に無償で情報公開し、情報共有を行う。これまでにフランスにある約1,000の非営利団体に当事業の意味を説明し、約80％の団体から理解・協力を得て情報公開を行っている。

　レゾリスは、活動内容や実績に関する情報の掘り起こしに当たり当該分野を研究対象としている大学院生を活用する。大学院生は、彼らの教育・研究の一貫として各非営利団体の調査に出向き、担当者から聞き取りを行う。その結果に基づき、決められた書式に各団体の基本情報をまとめ、データベースを構築する作業を行う。一つの非営利団体の情報を収集し、2ページの書式にまとめる作業を完了するまでには、約3カ月を要するという。

　レゾリスは、単に民間非営利団体の情報公開のみを行っているのではない。彼らは民間非営利団体

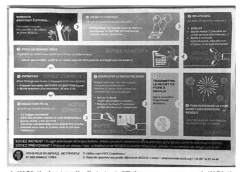

大学院生向けに作成された調査マニュアル：大学院生は、1枚のフローチャートの流れ図により民間非営利団体対象の調査の手順や作業内容を理解できる

をつなぐための会議を主催する。そこで彼らは政治家や大学教授の講義の実施による学びの場や、連携・協力を推進する機会を提供している。個々の団体は、初めは情報交換に恐れを抱くがそれを乗り越えると他の団体との連携・協力や、組織の合体のメリットに気付くという。なぜなら現在、非営利団体に対する国の予算は減額されているため、組織が合体すれば活動はより幅広いものとなる。また団体規模や組織が大きくなれば、国や企業等から財政的支援を受ける可能性もより高まるためである。

レゾリスは年間3～4冊の出版を行い、当該団体の活動や貧困問題の社会への普及・啓発に取り組む

レゾリスは貧困に関連する諸問題の中でも、①エネルギー（暖房、電気など）に関する問題、②食事・食生活に関する問題、③不登校に関する問題、④発展途上国を含む地域の特性に対応する貧困問題、に対処するさまざまなプロジェクトに取り組んでいる。プロジェクトを実施するためには必ず、他の財団や企業とパートナーを組んでいる。

オフィス内に掲げられたレゾリスのロゴデザインとポスター

3．今後の展望

団体の創始者であるクリルスキー氏は、パスツール研究所の所長として世界の多くの極貧国を訪れた。その折にNPOやNGOがばらばらに活動を行っている実態を知り、民間非営利団体のネットワーク化の重要性を強く認識したという。今後はレゾリスの開発した方法論を他の国々にも普及させ、また、こうし

た活動の効果を実証することが極めて重要と考えている。日本においても、民間非営利団体をつなぐ中間支援組織の重要性が認識されてきている。民間非営利団体の連携・協力の推進を行うほか、教育の場の提供、海外組織との連携など、レゾリスの活動は、日本の今後の取り組みにおいても学ぶべき点を多く示す好事例と言えよう。

金藤　ふゆ子

＜基本情報＞
Recherhe et Evaluation de Solutions Innovantes et Sociales, RESOLIS
所在地：4 rue de la Sorbonne 75005 Paris, France
URL：https://www.resolis.org/

フランス
事例6

パスポート・アブニール
（Passeport Avenir）

1．パスポート・アブニールが組織化された背景

　パスポート・アブニール（未来へのパスポート）とは、2005年にバンジャマン・ブラビエ（Benjamin Blavier）氏によって創設された恵まれない家庭に育つ青少年に高等教育機関への進学のチャンスを与えるフランスの非営利組織である。この組織は、労働者階級等の低所得世帯に生まれ育った若者が、企業の管理職といった高所得世帯に生まれ育った若者に比べて高等教育機関に進学する割合が極めて低いという現状に変化をもたらし、多様で有能な人材の社会参加を促すことを狙いとしている。ブラビエ氏自身がマイノリティの出身であり、高等教育機関への進学によって人生を切り開いてきた経験がある。彼は、多くの同様の若者を支援するために当該組織を立ち上げた。

　パスポート・アブニールのホームページによれば、労働者階級世帯の子どもは、管理職や教育職の親を持つ階級の子どもに比べてバカロレア（大学入学資格）を有する者の割合が10分の1にとどまっている。さらにグランド・ゼコールというフランスの最高学府の一つと目される高等職業教育機関への進学率は、わずか20分の1であり、その教育格差はさらに広がりつつあるという。

　高等教育機関への進学に恵まれなかった者は、その後の人生において就職やキャリア形成など多くの面で制限が課される。そうした教育格差が解決されないままでは、社会階層間や民族間の差別、偏見といった社会問題は解決されず、ますます深刻化の一途をたどる。テロを含む社会問題の多くは、差別や偏見に基づく社会構成員間のコミュニケーションの喪失が源泉だと考えられている。当該組織はそうした社会の現況についての問題意識を有しており、生まれた家庭の違いによって高等教育機関への進学率に差が生じる状況を克服し、恵まれない若者にも高等教育機関への進学や就職の道を開く事業に取り組んでいる。

　筆者らは、2016年の9月上旬に当該組織の責任者であるブラビエ氏本人に面

第2章　フランス　　83

談したほか、その支援を得て大学進学後に就職をした青年2人と大学教員としてパスポート・アブニールの学生支援に携わる教授1人、さらにはかつて日本の大手自動車メーカーの最高責任者として日本での海外勤務の経験があり、2015年にパリで発生したコンサート会場でのテロ銃撃殺害事件によってご子息を亡くされたのち、パスポート・アブニールの活動支援に取り組むB氏らと面談を行い、当該組織が取り組む具体的な事業と成果を伺った。本稿は、そのヒヤリング調査を基に当該組織の概要を報告する。

2．パスポート・アブニールの概要
(1) 組織の概要

パスポート・アブニールは、企業とのパートナーシップや高等学校や大学との連携に基づきながら各種事業に取り組む。パートナーシップを結ぶ企業は計30社あり、連携・協力する学校や大学は計230校に上る。当該組織の年間予算は約2,000万ユーロ（約25億円）だという。その65％は企業からの支援であり、残り35％は国からの支援で賄われる。

組織の専任スタッフは約20人いる。そのほか、年間約2,000人のボランティアが参加している。ボランティアのうち1,400人はチューター（個別指導員）であり、企業の現職のマネージャークラスの者が就任しているという。約250人いるコーディネーターは、パスポート・アブニールの各種事業に参加する学校や大学の教員、企業関係者などの支援側と学生との連絡・調整の役割を担う。ボランティアスタッフはフランス以外の多くの国にも存在している。

パスポート・アブニールのポスター

（２）パスポート・アブニールの活動の概要
①若者への財政的・人的支援の内容

　パスポート・アブニールは、全国から支援を必要とする学生を募集し、高等教育機関への進学や就職などに必要となる財政的支援および知識や技能をアドバイスする人的支援を行っている。大学教員等が中心となって、まず支援対象となる学生を選出する。そこでは試験による学生の選抜は行わない。その代わり、家庭の貧困状態、家族構成等の基礎的情報の収集を行い検討するほか、本人が大学まで進学する基礎的学力を有しているか否か、やる気があるかなどを総合的に判断する。成績があまり良くない学生であっても、やる気が認められる場合は支援対象とすることもある。支援対象となった学生は、パスポート・アブニールとまず１年間の契約を行う。

　財政的支援についてより詳しく見ることにしよう。パスポート・アブニールは進学に必要となる奨学金を直接付与する組織ではない。その代わりに、学生に大学受験に必要な交通費を支給したり、保証人なしのローンを提供している。

　また、チューター制度を用いて、若者に多様な人的支援を行っている。チューターは連携する企業が中心となり、現在、多様で若い才能を開花させる力量のある1,450人が確保されている。そのほとんどは前述したように企業のマネージャー級の現役社員だという。学生は１年ごとに契約を更新することが可能であり、チューターの継続希望の有無が問われる。パスポート・アブニールはできるだけチューターを変えて、多様なチューターと出会えるように勧めるという。

　チューターには、主に三つの役割が期待されている。第一に学生が自信を持つことを手助けすることである。ここには職業選択において学生に助言することや、困難な状況下にある学生を支援すること、さらには自己を省察する力を養うことなどが含まれている。第二に学生に会社という世界を発見させることである。ここには学生と企業人であるチューターが経験を共有し、さらには会社の規則をチューターが教えるといったことが含まれる。第三に学生にチューターの職業人（プロ）としてのネットワークを活用した学びを経験させ、最終的には学生自身のネットワークを構築することを支援することである。

②アトリエと呼ばれる出張講義やその他の支援活動

　パスポート・アブニールは、さらに困難校と目される高等学校を訪問し、多様な「アトリエ」（ワークショップ）と呼ばれる出張講義・講習を年間に約600件実施してるという。各学校に年間3回は出向き、アトリエを行う。アトリエには多様な内容が含まれるが、例えば以下のようなものが実施されている。

ａ．職業紹介アトリエ：連携する企業からチューターが参加し、小グループでプロの職業人と交流させることで、学生たちに免許を取得できる職業を見つけさせるプログラム。

ｂ．学業の資金調達について熟考するアトリエ：学生自らが自身の学業の資金調達の計画を立てる支援を行うことで、資金調達の解決策について理解する手助けを行うプログラム。

ｃ．口頭試問準備アトリエ：学生たちのグランド・ゼコールの入学試験の口頭試問の準備を手助けするプログラム。パートナー企業の人事管理業務を担うスタッフがこうしたプログラムに参加し、支援を行う。

　また、その他の支援活動としては以下のようなものが行われる。

ａ．グランド・ゼコールや大学で支援を受ける学生は、「メンター」と呼ばれる英語圏にいる160人の支援協力者のサポートが受けられる。メンターは論文作成の助言等を行う者であり、インド、イギリス、アメリカなどに在住している。

ｂ．高等学校の学生に対して、高等教育に関心を持たせる活動を行う。

ｃ．大学生らが職業人に出会い仕事環境を肌で感じるよう、長期休暇中などに企業の招待により企業訪問プログラムを行う。

ｄ．オンライン学習によって、フランス語の識字学習や英語学習の機会を提供する。オンライン学習においては、英語学習をより身近に感じ気軽に感じられるように電話で受講できる支援も行っている。

　以上のような極めて多様な活動を通して、若者の高等教育機関への進学と卒業、卒業後の就職などの支援を企業や大学等との連携により進めている。

３．調査者の所見

　パスポート・アブニールは、移民の流入などの急激な変化によりフランス社会が不安定化を増す中で、恵まれない低所得世帯に生まれた学生に高等教育の機会を提供し、卒業後に自立した社会人に育つための多様な支援を行ってい

る。そこで用いられているさまざまな手法は、日本にとっても学ぶ点が多い。注目したいのは当該組織が行うのは、単に学生に奨学金を出すという単純な財政的支援ではない点である。高等教育機関での学業を成功裏に修め、意欲を持って社会に巣立つ手助けを行うために、多様なネットワークに基づきながら長期間にわたって人的支援を行う点が斬新であり、それは恵まれない家庭に生まれ育った若者にとってはまさに必要となる支援だと言えよう。

　パリでのテロ事件以後、日本企業を退職してこの組織を支援するB氏は「国の支援を待っていては遅い。企業は早い意思決定によって社会に必要な意味ある団体の活動を連携して支援することができる。そのために私は力になりたい」と静かながらも強い意志を持って語ってくれた。パスポート・アブニールはそうした個人、企業、学校や大学の連携によって、若者に未来を切り開くパスポートとなる学びの機会を提供している。

金藤　ふゆ子

<基本情報>
Passeport Avenir
所在地：45 boulevard Vincent Auriol. 75013 Paris, France
URL：https://www.passeport-avenir.com/

フランス
事例7

ATDカールモンド
(ATD Quart Monde)

1. 団体の設立経緯とミッション

　フランスの貧困家庭の「尊厳」の向上を目指した教育的支援を行う団体、ATDカールモンドは、1957年ジョセフ・ブレンスキー（Joseph Wresinski）神父により、スラム街に住む人々と共にパリ東部近郊で創設され、2017年に設立60周年となったアソシアシオン（NPO）である。「カールモンド」は「第四世界」と訳され、最貧国を指す言葉でもある。現在はヨーロッパや北米、ラテンアメリカを中心に活動を行っており、アフリカでの支援事業なども行っている。

　極貧の状況にある人々は家がない場合も多く、子どもを健全に育てる環境に

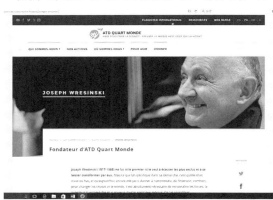

ATDカールモンドのホームページ：
http://www.atd-quartmonde.org/

なかった。そのため、まずは母親のための美容院を造り、外見を整えることが、自分の自信となり、子どもの養育に関心を持つような環境整備を行った。貧困地域の町の改善のためには、単に洋服や食べ物を与えるのではなく、そこに住む家族の問題の話し相手となることで、貧困の状態から目線を上にあげさせて、自らに尊厳を持たせることが必要である。そのために子どもや青少年の育ちを中心に据えて支援を行うという考えで設立されている。最も貧困の状態にある人は声を上げないので、社会がそれを聞くべきであると考えている。

　リモージュ（Limoges）市では約30年前から活動を行っており、約20人のメン

バーで構成されている。本業として活動を行っているのは1人のみで、ほかはボランティアとして参加している。さらに、20～30人程度の援助的なボランティアスタッフがいる。フランス全体では約5万人がメンバーとなっており、そのうち約400人が本業として活動を行っている。予算としては、50％が行政からの資金、残りの50％は寄付（主に60歳以上の人から）で構成されている。

ATDカールモンドの展示場所においてルフェベール氏（右）とボランティアスタッフ

話を伺ったジャン＝ミッシェル・ルフェベール（Jean-Michel Lefebvre）氏は、ATDカールモンドのリモージュ地域の代表である。フランス最大手の通信会社フランステレコムのリモージュ地域のトップマネージャーの職にあったが、定年を2年先に控えて半年前から会社から派遣されてATDカールモンドの活動にかかわっている。退職前のアソシアシオンへの派遣はフランスの大企業の多くで行われるやり方である。

2．フランスの貧困の実態

フランスは格差が大きい国と言われている。貧困世帯の子どもたちは、障がいがなくても特別支援の学校・クラスに入れられることもある。自分のリズムで学びたいという子どもたちもいるが、特別支援のクラスに入ると自然と目標が下がってきてしまう。また、同じ成績でも階層が違うと進路指導が異なってくるという不平等もある。さらに、心身の発達に課題がある子どもたちが通う療育施設にも貧困世帯の子どもたちは行かされている。

3．読書活動や文化体験活動への支援

「道の図書館」という事業を全国60カ所で行っている。3歳の幼稚園入園前までに、貧困家庭とそうでない家庭の子どもたちでは、1,000時間もの読書時間の差が生じているという調査結果もある。そのため、幼稚園に入る前から支援

を行うことが重要だと考えている。リモージュ市ではサブラという町でこの事業を行っている。大きなトラックに本を積み込み、毎週土曜日の14時半〜16時半までの2時間、貧困家庭が多い団地の外のスペースで読み聞かせを行っている。筆者が訪れた際にも小さい子どもたちが参加していた。この事業は、子

ヒアリング当日のアソシアシオンのイベント

どもとアソシアシオンの契約という形で行っている。21人の子どもたちが毎週やってきており、親はまだ窓から見ているだけなのでコンタクトはとれていないが、話をするような関係性を構築したいと考えている。

また、リモージュ市では、貧困家庭に文化的活動を提供しようと、パフォーマンス、アート、オペラ、劇などに1ユーロを払って、参加してもらう機会を設けている。リモージュ市役所も予算面などの援助をしている。ただ観るだけでなく、観劇後の役者との意見交換や家族同士の話し合い、自分の感じたことについて話すことが重要だと考えている。

4．学校への支援・補完的活動

学校を教育だけでなく社会的な場所としてとらえ、オープンにしていくという活動も行っている。教員が地域を知るために、親と教員のコミュニケーションを促している。特に小学校の先生が自分のクラスしか知らず、職員室のみにいるのであれば、貧困家庭の子どもたちへの指導法のノウハウは身に付けることができない。リモージュ市では、大学区の長であるレクトラ（rectorat）と共に貧困地域の小学校教員の教育のためのプログラムを作成する予定である。

また、子どもたちが学校内で宿題を行うことを提言している。理由は、貧困家庭の子どもは学校を出ると外では規律も勉強のスペースもない。上の子どもがいじめるといった問題もある。子どもが学校にいることで教員が子どもを応援し、ポジティブなイメージを持たせることができる。

5．政府への政策提言

　審議会のような位置づけで、教育省、経団連、労働組合、アソシアシオンの代表、市民代表、貧困家族の代表が集まって、政策提言のレポートを作成している。最新のものは「みんなのための成功の学校」というもので、親に学校に入ってもらい、そうでない家庭の親から貧困家庭の「親から親へ」のチューターシップや、貧困世帯とそうでない世帯との交流・意見交換の機会等を提言している。政策提言の際には、200件以上の貧困家庭にインタビューするなど、細かく実態把握を行い、このレポートを基に、市民向け講座で講義を行っている。

6．所見

　日本でも、社会とのつながりの格差が生活困窮を生んでいる。足立区が2016と2017年４月に公表した「子どもの健康・生活実態調査」においても、相談相手がいれば、困窮状態は改善することが明らかになっている。貧困家庭に寄り添い、さまざまな体験を提供することで、自己肯定感を育んでいくことが重要である。

　また、「道の図書館」の取り組みでは、子どもとアソシアシオンとの契約という形態を取っている。保護者の同意が必要な場合は、保護者の関心がないと、支援が必要な子どもたちの参加が難しくなる。保護者の同意がなくても行事等に参加できるという手法を日本でも検討すべきである。

須原　愛記

<基本情報>
ATD Quart Monde, Limoges
所在地：Maison Des Droits De L'Homme, 37 rue Frédéric Mistral, 87000 Limoges, France
URL：http://www.atd-quartmonde.org/

フランス 事例**8**	# オートゥイーユ職業訓練院 ## （Apprentis d'Auteuil）

1．団体の設立経緯とミッション

　フランスでは16～29歳の資格がなく訓練されていない若者が150万人いると言われ、そのうちの3人に1人がひとり親家庭である。また、2人に1人の母親は誰も頼れる人がいない状況である。そのため、家族に注目して活動している団体である。

　創設は古く、1866年にルイ・ラッセル（Louis Roussel）神父が孤児院を開いたことから始まり、2016年に150周年を迎え、全国的にも認知されている。当初は孤児や貧困な子どもの問題を扱う活動を行っていたが、現在は、家族問題に焦点を移して活動している。

　フランス本土や海外に約200カ所の活動拠点があり、約2万5,000人の子どもと約5,000家族を支援している。フランスでは貧困状態の地域差が大きく、青年が労働市場に入れるように、都市部の郊外に活動拠点を持つようにしている。予算規模は、約3,400万ユーロであり、内訳は約40％が企業等から、約50％が公的補助金、その他からなる。職員は約5,500人、ほぼ同数のボランティアを、宿題支援、就労のためのチューターなど、地域で何が必要かを見定め募集している。具体的には、以下の活動を行っている。

①**児童養護施設運営**：社会的保護活動として県が責任を持っており、当該アソシアシオンは委託を受けて施設を運営し、全国55カ所で約3,000人を収容している。

②**不登校対策**：寄宿舎のある学校を15カ所持っている（行政からの財政支援なし。企業からの寄付で運営）。不登校支援に有効である。フランスでは昔から、児童保護のために、家族と離し、子どもを寄宿舎学校に送っていた。家族の平和を保つことや生活習慣・ルールを身に付けるため、家族から離れて暮らすことも大事である。

③ニートへの就労支援：16〜29歳のニートが労働市場に入れるように再教育をする。職業教育を中心とした組織があり、ボランティアのチューターの姿に青年は感動し、自分も頑張りたいと思う。最近ニートが多くなったので大きなミッションとなってきている。

④家族の支援：シングルマザーのための宿舎「家族専用の家」（Maison du famille）があり、今後、全国に普及させたいと考えている。

2．活動の理念とプロジェクト

　子どもたちそれぞれに社会的立場を見つけ、家族との信頼関係の構築や社会的信用を得ることに価値を置いている。自由、信頼、優しさを大切にしている。フランスには貧困連鎖で失業状況から脱却できない多くの家庭がある。そういう家庭は移民に多く、非常に危険で貧困の巣窟のような地域に居住しており、そこには社会問題が集中している。家族はフランス語に習熟しておらず基本的な社会的知識やスキルもなく、社会に統合されていない。ここで預かる生徒の多くはひとり親で経済的問題があり、小学校の時に1、2回留年していることが多い。

　オートゥイーユ職業訓練院では、子どもが不登校になっても、学校から追い出されても、子どもを全面的に信頼し、子どもたちに最後の居場所を提供する。海外でも、地元のNPOとパートナーシップを結んで、最貧困層の支援を行っており、フランスの青年たちもチューターとして派遣している。例えばカンボジアでは、サーカスや劇などの専門技術を身に付ける取り組みを行っている。

3．児童養護施設

　フランスの法律では、教育、衛生的に危険である、または、その恐れがある状況におかれた0〜18歳までの子どもに対して、児童保護の公権力の介入が可能としており、県の権限となっている。現在では、19〜21歳までも特別に対象としている。移民の青年が保護対象なのかどうかという議論があったが、2016年の法律で、移民の青年の保護は県の責任で児童養護のシステムの対象とされた。

　県はアソシアシオンにも予算を拠出し、子どもの保護の依頼をしている。特に子どもが危険な状況にある場合、家族から引き離す必要があり、家族にも合

意してもらい、家族と社会的支援の契約を締結する。また、家庭裁判所の判断により、強制的に保護する場合もある。

2007年の法律では、児童保護の権限を持つ行政の範囲が強化された。

4．レオナール・フジタからの寄付による事業

オートゥイーユ職業訓練院では、フランスに移住し亡くなった画家である藤田嗣治（レオナール・フジタ）の年間15万ユーロの著作権料を管理し、それを原資に財団

建物正面に立ちはだかる映画ロケのためのクレーン。訪問した当時は、古くからある教会施設を使って、大掛かりな装置が入って映画のロケが行われていた。

学校の内部にある校庭

建物全景と実習用畑

建物入口にある像

を運営している。財団の目的は、アートにより青年に自信を付与するプロジェクトを発展させることと、藤田の作品をより普及することにある。

2016年は、このような趣旨に基づき42のプロジェクトを実施し、1,531人の青少年が参加した。主に親と子の支援、不登校対策、労働市場に入るプロジェクトなどであった。例としては、家族から離れている子どもたちが自分の親と写真をとり、家族とは何かというアイデンティティを確認させるものがある。また、小学校でオーケストラをつくり、毎日の練習と毎週6時間の合同練習をした後、コンサートを多くの場所で行っている。これにより子どもに集中力などが付き、学校での態度が改善する。オーケストラの演奏会は、聞きにきた家族が喜び、子どもが親に音楽の世界について説明することなどを通じて自分に対する自尊感情が高くなる。

その他、劇などを通じ大声で話したり歌ったりという実践により、文法等を学びつつ、自分が表現することに自信を持つ機会を設けている。

5．考察

不登校の要因としては、家庭的な問題も大きい。不登校対策として寄宿学校が効果的ということから、日本でも特例校の設置だけでなく、家庭から一定期間離れて生活させることも、不登校対策や青少年の育成施策のヒントになるのではないか。

また、教育・児童福祉の複合的な分野でのNPOの活用について、日本でも子ども食堂や子どもの居場所における学習支援など、民間やNPOの取り組みが広がっている。地域に根差したNPO等により、地域の力で子どもたちを取り巻く課題を解決するということにつながっていくことが期待される。

須原　愛記

<基本情報>
Apprentis d'Auteuil
所在地：1 rue du Père Brottier, 92190 Meudon, France
　（本部：40 rue Jean de La Fontaine, 75016 Paris, France）
URL：https://www.apprentis-auteuil.org/

第3章

イギリス

総　論：就学前保育と教育	98
事例1：ランベス早期行動パートナーシップ（LEAP）	111
事例2：カーディナル・ヒューム・センター	118
事例3：子ども協会	124
事例4：ロンドン市長基金	130
事例5：ファミリー・アクション	135

イギリス　総論

就学前教育と保育

イギリスの社会格差是正に資する研究助成
チャリティ団体（ナフィールド財団）による報告書から

この文章は、ナフィールド財団の許可を得て、以下の報告書を翻訳・抜粋したものである。
Hillman, J. and Williams, T. (2015). Early years education and childcare: Lessons from evidence and future priorities. London: Nuffield Foundation.

解説：イギリスには、社会課題を解決するさまざまなNPO（イギリスでは慈善団体（charity）と言う）が活動している。ここで紹介するのは、そのような慈善団体のうち、社会課題を取り上

げる研究に助成するナフィールド財団（the Nuffield Foundation）が発行した報告書『就学前教育と保育：エビデンスから得られた教訓と将来の優先事項』である。この報告書のうち、イギリスにおける就学前教育にかかわる行政、NPOなどの事情が書かれている「第2章：就学前教育の現状とこれまでの経緯」について翻訳し、抜粋して紹介する。

1．近年の経緯

　過去20年間、就学前教育の提供は、公共政策における位置付けや優先度の面で大変革を遂げた。1990年代以前には、「チャイルドケア」は、国による介入の余地や理論的根拠のない、個々の家庭のプライベートな決定事項と考えられていた。しかし、1990年代には、影響力のある一連の調査や報告書によって、子どもたちのその後の成果に対する就学前の重要性を示すエビデンスが示された。これらの多くは、他国と比べて好ましくないイギリスの就学前教育の提供

状況を描き出し、政策面や提供面で戦略的な考えが欠如していることを明らかにした上で、これらの欠如に対応する可能性のある詳細かつ費用計算のされた提言を行っている。後継の労働党政権による1997年の子どもの貧困対策では、野心的な目標が掲げられ、就学前教育が政策課題の中心に押し上げられた。

　この一連の調査が集合的に与えた影響力は、よく整理され組織されたエビデンスの統合が、政策に影響を及ぼすのみならず、それを形作るという、肯定的なケーススタディとして表れている。このプロセスは、就学前教育に対する投資と政策に強い示唆を持ち、さらに影響力のあるいくつかのレビューによって引き継がれた。その例として、フランク・フィールドによる貧困と人生の機会に関するレビュー、グレアム・アレンによる早期介入政策に関するレビュー、マイケル・マーモット卿／教授による健康の不平等に関するレビューが挙げられる。

　各政権による一連の保育戦略と、関連する政策（**図表 1** を参照のこと）は、サービスの提供に多くの面から変革をもたらした。すなわち、従事者の水準の引き上げ、無償の就学前サービスへのアクセスの拡大、供給側・需要側への助成の変更を通じた親の費用負担の軽減などが行われた。

図表 1　1996年～現在までの就学前教育・保育に関する重要な政策上・戦略上のマイルストーン

年	政策上・戦略上のマイルストーン
1996	保守党政府は、親が 4 歳児の保育費の支払いに利用できるバウチャーの計画を発表。また、就学前の設定における六つの経験・学びの分野（初歩的なリテラシーと計算能力、個人的・社会的スキルの発達を含む）を定めた『保育所における教育：義務教育開始に向けた子どもたちに望ましい学習成果（*Nursery Education: Desirable outcomes for children's learning on entering compulsory education*）』
1998	労働党政府は、緑書『チャイルドケア課題への挑戦（*Meeting the Childcare Challenge*）』の中で「全国チャイルドケア戦略」を定め、すべての 4 歳児に対して、保育所のパートタイムの利用を無償提供することを公約（2000年には 3 歳児への拡大を発表、2004年に導入）、さらに「保育税額控除（Childcare Tax Credit）」を導入。
2000	3 歳からレセプション学年の終わりまでの子どもたちを対象に、さまざまな学習上・発達上の目標を含んだ「基礎段階（Foundation Stage）」カリキュラムが導入される。
2001	教育水準局（Office for Standard in Education, Ofsted）が地方自治体に代わり、規制上の責任（デイケアおよびチャイルドマインダーによる提供の登録・査察に関する指導的立場も含む）を担うようになる。
2004	労働党政府は、無償提供を拡大する『親のための選択、子どものためのベストスタート：チャイルドケア10年戦略（*Choice for Parents, the Best Start for Children: A ten year strategy for childcare*）』を発表、試験的にイングランドの不利な状況にある2歳児を対象に無償提供が拡大される。

第3章　イギリス　99

年	政策上・戦略上のマイルストーン
2005	労働党政府は『子ども関連職戦略（Children's Workforce Strategy）』を発表、すべての全日保育の設定を対象に、学士号を持つ「乳幼児期専門職（Early Years Professionals）」が指導的立場にあることを義務化し、設定ごとにレベル2・3の資格を持つ職員の数を指定・要件とする。
2006	「チャイルドケア法（Childcare Act）」により、イングランドおよびウェールズの地方自治体に、働く親および仕事にかかわる研修中の親に対して、十分な保育を確保することを義務付ける。
2006–2011	「チャイルドケア法」によるその他の変更には、「基礎段階」とその他のガイドラインを「乳幼児基礎段階（Early Years Foundation Stage Framework, EYFS）」の旗印の下に統合すること、すべての設定（小学校付設のレセプション学級、民間事業者、チャイルドマインダーなどを含む）における、誕生〜5歳までの子どもたちの学び、発達、ケアニーズの基準を制定することが含まれる。チルドレンセンターや全日保育の設定において指導的立場にある者に対して「乳幼児期専門職」の新たな役割が紹介され、この職種と、より広く全従事者の能力開発を目的とした助成金が、「変革助成金（Transformation Grant：2006〜2008年）」、のちに「学卒指導者基金（Graduate Leader Fund：2008〜2011年）」を通じて提供される。事業者には、職員が学士号レベルの資格を取得することを支援、あるいは、学士号レベルの教育を受けた職員を雇用するインセンティブが与えられた。
2012	連立政権はEYFSの見直し・簡略化を行い、①個人的・社会的・感情的な発達、②コミュニケーションと言語、③身体的な発達、の三つの主な学習分野に焦点を当てるものとした。
2012	キャシー・ナットブラウン教授による『質のための基礎：就学前教育・保育の資格に関する中立的レビュー（Foundations for Quality: The independent review of early education and childcare qualifications）』が公表され、①2022年までに全従事者の最低水準をレベル3（開始時の必要条件は英語・数学でレベル2）とする、②学士号を持つ指導者を置く、③教員免許（Qualified Teacher Status, QTS）を持った「乳幼児期専門職」の資格を導入することが勧告された。
2013	連立政権はナットブラウン勧告のすべてを導入してはいないものの、その応答として、『よりよいチャイルドケア：質の向上と親の選択肢の拡大（More Great Childcare: Raising quality and giving parents more choice）』を公表。「乳幼児期専門職」に代わる、新たな「乳幼児期教員（Early Years Teacher, EYT）」の職位を提案。新たなEYTの役割には、学校教員と同じ入学条件が課されるが、QTSの職位も、学校教員と同等の給与も与えられない。また、新たに「レベル3乳幼児期エデュケーター（Level 3 Early Years Educator）」の役割も導入され、登録の最低必要条件は、GCSE（中学校卒業資格試験）の英語および数学で「C」を取得していることとされた。これらの資格は、現在、職員対子ども比に含まれる、すべての職員に対して必須となっている。
2013	教育省は『より手頃なチャイルドケア（More Affordable Childcare）』を公表、保育のための優遇税制の利用による各種の対策と、保育費支出を下げるための「ユニバーサル控除（Universal Credit）」を提案。
2014	連立政権は「チャイルドマインダー・エージェンシー」の導入計画を発表。エージェンシーは、親がチャイルドマインダーを探し、チャイルドマインダーがビジネス支援、研修、アドバイスを求めることのできる、「ワンストップショップ」としての機能を果たす。同時に、チャイルドマインダーの査察体制の変更により、2014年9月から、査察の対象が、エージェンシーと個人のチャイルドマインダーのサブサンプルとなる。エージェンシーの会員となっているチャイルドマインダーは、個別的な評価を受けない。これらの変更は、教育省（Department for Education, DfE）による『チャイルドマインダー・エージェンシー：ステップバイステップガイド（Childminder Agencies: A step-by-step guide）』に記載されている。

２．提供の質・分布・タイプ

　就学前教育・保育は、現在、さまざまな事業者によって提供されているが、根底にある目的、構造、モデルはそれぞれ異なる。公費維持の事業者は少数派であり、大多数は民間・ボランティア・独立（Private, Voluntary and Independent. 以下、PVI）セクターによって構成されている。「PVI」は、多様な事業者をカバーする包括的な用語であり、その中には、大規模な保育チェーン、モンテッソーリのような特定の教育哲学を持つ保育所、村や教会の集会場のような場所で行われる、コミュニティ基盤の保育所などが含まれる。過去20年間に、全体的な提供規模は急速に拡大したが、これは公共投資の増加の影響を部分的に受けたものと言える。政府は、事業者が混在する経済活動と、親の選択肢の拡大という公約を維持してきたが、圧倒的な増加はPVIセクターに見られる。最新の数字によれば、全日保育の事業者の大多数が、民間セクター（61％）とボランティアセクター（30％）で構成されている。公費維持セクターが残りの９％を占めるが、その割合は2005年以降減少している。公費維持セクターでは、小学校付設の保育学校や保育学級が大半を占め、チルドレンセンターの形式を取る提供は限られている。

　イングランドにおける全日保育の設置数は、1997年には6,000件をわずかに上回る程度だったものが、2013年には１万7,900件にまで大きく増加している。これと連動する形で、保育の定員数も増加し、2013年には、全日保育の定員数として、2006年比で46％増の79万6,500人が登録されている。これらの事業者数と定員数のセクター別の内訳については、一貫性のあるデータが存在しない。そのため、全体的な市場シェアと提供の変化を追跡・解釈することが非常に困難である。

　図表２は、イングランドにおいて、組織的な設定（すなわち、チャイルドマインダー[(1)]を除く）で提供されたサービスの性質について、広範な情報源から照合したデータを基に作成したもので、1997年以降の保育市場の構成の変遷について、示唆的なエビデンスを示している。特に顕著な変化は、パートタイムの保育のみを提供する傾向のある「セッション提供者」の数と割合の減少（１万5,800から7,100）である。これらのセッション提供者の多くは、閉鎖されたのではなく、全日保育の設定に転換したものと思われる。2008年の不況を受け、特に、親が保育費を支払えなくなったような失業率の高い地域では、多くの事

第3章　イギリス　101

図表2　イングランドにおける就学前教育・保育の事業者タイプ（1997-2013年）

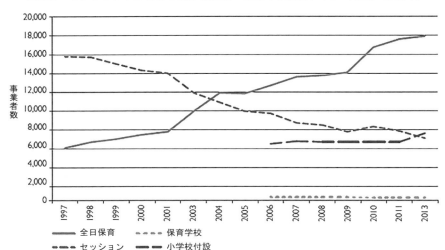

業者が存続できない市場環境となり、保育所の数が減少した。また、**図表2**は、2006〜2011年にかけて、小学校における保育学級の数にほとんど変化がなかったことを示している（2013年に定義が変更されたため、2013年との直接比較はできない）。

イギリス全体の動向に関する情報については、ラングビュイッソン（Laing Buisson）の2014年の『英国における子どもの保育所に関する市場報告書（Children's Nurseries UK Market Report）』において、連立政権下の予算削減を受けて、公立のデイケア事業者の数が減少した一方で、ボランティアセクターの事業者の数が依然として安定していることが示されている。また、同報告書によれば、景気後退の中で供給が減少したのち、2歳児を対象とした無償提供の導入を受けて、2013年と2014年には再び需要が伸びている。

登録チャイルドマインダー数の時間的傾向については、その数が膨大で全体像を歪めてしまうため、**図表2**には含めていない。しかし、登録チャイルドマインダー数は、2001年の7万2,300人が、2013年には5万5,900人にまで大きく減少しており、これはグループ提供へのアクセスと需要が改善されたことを反映したものと思われる。

図表2には平均的な傾向が示されており、地域ごとに事業者の数とプロファ

イルにかなりの幅がある事実は表されていない。2011〜2013年にかけて、これに対処するための試みが行われ、低位30％の貧困地域（複合的貧困指数〔Index of Multiple Deprivation〕[2]の定義に基づく）において、就学前ケアの提供者の数が増加した。チルドレンセンター数の全体的な減少にもかかわらず、2013年には、これらの事業者の約4分の3（72％）が、最貧困地域で運営を行っている。

3．支出と新たな助成ルート

図表3は、ナフィールド財団が助成したロンドン・スクール・オブ・エコノミクス（LSE）による分析を基に作成したもので、1997年以降のイングランドにおける就学前教育・保育に対する政府の支出を示している。1997年以降、全体的に公共支出は劇的な増加を見せているが、2010年度以降、実質額は推定21％減少している。この同期間に5歳未満の子どもの数が増加していることから、子ども1人当たりの支出は、2009年度の2,508ポンドから、2012年度の1,867ポンドまで、大幅に減少したことが指摘される。これは国庫からの直接経費で、親の負担は含まれない。

図表3　1997〜2012年度のイングランドにおけるシュアスタート、就学前教育・保育に対する年間公共支出（単位：100万ポンド、2009年度市価）

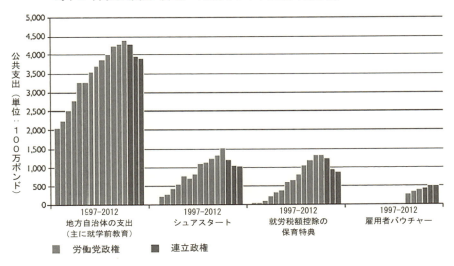

（1）保育の無償化

　就学前教育に対する公費の増加は、保育の無償化が徐々に拡大されたことによるところが大きい。1996年には、保守党政府により、4歳児を対象に、規定された各種のサービスに対して利用できる「保育所教育バウチャー（Nursery Education Vouchers）」が導入された。このシステムは新労働党政府によって差し替えられ、1998年以降、4歳児を対象に、年33週、週5日、週当たり合計12.5時間の無償保育が提供されるようになる。これはのちに全3歳児に拡大、無償時間も両年齢について延長され、2010年9月以降は、全3、4歳児を対象として、年38週、週3～5日、週当たり合計15時間の保育が無償で提供されるようになった。2013年9月以降、無償保育は貧困家庭の2歳児（現在、全2歳児の40％を占める）に拡大され、2016年までに、すべての2歳児に拡大する提案を行った。

　これらの助成方法では、親が望むサービスを選択して利用できるように、名目上、親を介して補助金が提供されるため、時として「需要側」と呼ばれる。しかし、実際には、補助金は事業者に直接手渡され、さらに、規制された事業者しか利用できないため、「需要主導」型の助成方法ではあるものの、供給側により近いものだと言える。以前には、地方自治体が事業者に直接出資する形、あるいは、計画立案、支援、事業者の規制を行うという形で存在していた純粋な「供給側」の補助金（就学前事業者への直接の助成）のほとんどは廃止されている。一方で、このシステムに対して政府が行った需要側への資金投入には、さまざまな方法が存在する。

（2）税額控除

　1994年10月以降、11歳未満の子ども（1998年6月以降は12歳未満の子どもに拡大）に掛かる保育費を補助するため、世帯所得調査に基づいたいくつかの給付金（「家族控除〔Family Credit〕」を含む）については、保育に関する「非課税収入」の扱いとされるようになった。1998年以降、「保育税額控除（Childcare Tax Credit）」は、「就労家族税額控除（Working Families Tax Credit）」（現在は「就労税額控除〔Working Tax Credit〕」）の一部を構成してきた。これは、週16時間以上働くひとり親と、それぞれ週16時間以上働くカップルが利用可能になっている。また、世帯所得調査に基づいて、現在、子ども1人につき175ポン

ド、2人以上につき300ポンドを上限額とし、保育費支出の最大70％までが親
に払い戻しされている。

　「保育税額控除」は、ゆくゆくは「ユニバーサル控除（Universal Credit）[3]」
に差し替えられる予定であり、そうなれば、子ども1人につき532.29ポンド、
2人以上につき912.50ポンドを上限額とし、保育費支出の最大70％までが、月
ごとに親に払い戻しされる。2016年以降は、子ども1人につき646ポンド、2
人以上につき1,180ポンドを上限額とし、保育費支出の85％に引き上げられる
予定である。

（3）非課税の保育

　就学前教育・保育の提供について、雇用者の関与は限られている。1990年に、
政府は、雇用者が提供する保育所やプレイスキーム（play scheme）[4]を利用す
る従業員に対する税金控除を導入した。2005年には、規制された事業者に対し
て利用できる「保育バウチャー（childcare voucher）」が導入され、基本税率の
納税者の最大週55ポンドの費用について税金控除が適用された。この後者のス
キームでは、雇用者の役割はプレイスキームの管理責任に限られている。

　2013年の「より手頃なチャイルドケア」戦略では、2015年秋から、雇用者が
管理する保育バウチャーに代わるものとして、非課税の保育制度の計画が詳細
に示され、また、就学前教育・保育の提供における雇用者の役割がさらに縮小
されている。保育費支出への補助を「ユニバーサル控除」を介して受け取って
いない親については、新制度下では、年間の保育費支出の上限を6,000ポンドと
して、最大20％までを政府が負担することになっている（すなわち、最大還付
額は1,200ポンド）。この制度は、最終的には12歳未満の子どもの保育費に拡大
される予定で、完全に成熟した折には、前身の非課税バウチャー制度よりも、
さらに多くの公的資金が投入されることになる。しかし、最新のエビデンスに
よれば、その大部分が、補助金がなくても保育費を支払うことのできる家庭に
流れることが示唆されており、この追加支出が、それに見合う価値のあるもの
なのかどうかについては疑問が残る。さらにこの制度が、就学前教育・保育の
明らかに重要な受益者である、雇用者の役割と責任をさらに減らすことになる
と懸念する声も多く存在する。その一方で、例えば、育児休業や、その他の柔
軟な勤務体制など、雇用者が積極的な役割を果たすことができるような手段に

第3章　イギリス　　105

焦点を当てた政策が増えていることも指摘できる。

（４）供給側への直接の助成

　さまざまな政策によって、主に地方自治体（Local Authorities、LA）や事業者を通じて、これまでに述べた施策に比べればはるかに小規模ではあるものの、就学前教育・保育の直接的な提供に対する公的資金の投入が行われてきた。これらの中で最も顕著なものは、「シュアスタート（Sure Start）」の全国的な展開である。1999～2007年にかけて、最も恵まれない地域に住む5歳以下の子どもを対象に、250の地域プログラムが生み出された。この間に効果的な介入に関するエビデンスが重視されるようになるにつれて、「シュアスタート」センターの焦点が変化し、現在、「シュアスタート」プログラムは、チルドレンセンターに拠点が置かれていることが一般的である。3,000以上のチルドレンセンターが存在する中で、そのすべてが困窮地域を拠点にしている。当初、チルドレンセンターには、年間を通じ終日のケアを提供することが求められ、同時に、親や面倒をみる者のための相談窓口の提供など、その他の広範なサービスも含まれていた。2011年以降は、ガイダンスの改訂により、これらのセンターが、総合的な就学前教育・保育サービスや、その他のサービスを施設内で提供する必要はなくなったが、それに代わり、サービスを最も必要とする家庭の特定を助ける選別機能の提供と、それらの家庭のサービスへのアクセスの促進が求められるようになった。

　2001年に公表された「近隣地域保育所イニシアチブ（The Neighbourhood Nursery Initiative、以下、NNI）」は、国内の低位20％の貧困地域における、デイケアの提供の拡大を目指したものである。2004年までに、主に既存の施設の拡大・改装（中にはまったくゼロから開発されたものもあったが）を通じて、新たに4万5,000人の保育所の定員数が創出された。このイニシアチブは、対象地域における提供を拡大することで、親の職場復帰の機会を支えたという意味で、「シュアスタート」の目的の一つをある程度達成するのに貢献したと言えるが、NNIの評価では、対象グループによるサービスの利用が期待に反して低かったことが示されている。この評価によって、最困窮地域の保育所が、何らかの形の補助を受けることなく生き残るのは最も困難であることが明らかになった。民間セクターの保育所は、困窮度のより低い地域で提供されている傾向に

106

あるため、継続維持できる可能性が高いように思われる。

　地方自治体の役割は、さまざまな戦略の下で拡大・縮小されてきた。

① 労働党の1998年の戦略では、地方自治体に対し、これまでの提供を見直し、地域の保育パートナーシップの拡大と改善の計画を作成するために、事業者と雇用者とを呼び集めることを要請した。また、地方自治体には、助成された施設で開発支援と研修を行うため、および、個々のチャイルドマインダーの支援と調整を行うための助成金が提供された。

② 2006年の「チャイルドケア法」では、地方自治体に対し、親が希望するすべての子どもたちに十分な就学前サービスの定員を確保すること、また、充足度を定期的に評価することを求めた。また、地方自治体には、全住民のニーズを部分的に調査する「保育充足度評価（childcare sufficiency assessments）」という手段を介して、需要と供給を把握することが要求された。しかし、ファミリー＆チャイルドケア・トラストによる最新の分析によれば、十分な提供が行われていると回答した地方自治体は、イングランド全体の69％のみにとどまる。この理由としては、2006年の「チャイルドケア法」に追加された条項により、地方自治体が定員数を直接提供することが初めて禁じられ、民間・ボランティアセクターの組織に提供の意図がないことを確認した上でしか、それを行うことができなくなったことが考えられる。より最近では、2014年の「子どもおよび家族法（Children and Families Act）」で、地方自治体が充足度を評価する義務が取り除かれたことにより、地方自治体が提供不足に直接対応する能力がさらに失われ、また、保育市場がうまく機能しているかについても、特に、民間による提供の市場料金を親が支払うことのできない地域において、地域内の戦略的な評価を行うことが困難になっている。

③ 連立政権の「より手頃なチャイルドケア」戦略は、「不十分」または「改善の必要あり」と評価された事業者への働きかけに重点を置くという新しい役割を地方自治体に示唆し、質が全体的に改善された提供への支援の役割を減らしている。このデメリットとして、「教育水準局（Ofsted）」が質に関する唯一の権威者になり、無償保育の提供者を地方自治体が決定する際に、独自の評価ができないことがあげられる。

　最後に、政府の最新の保育戦略において、「就学前児童支援金（EYPP）」が発表され、現在、「就学前教育と発達に関する研究（Study of Early Education and Development、SEED)」の一部として評価が行われている。これは、困窮家庭の3、4歳児に無償保育を提供する事業者に対して提供される追加の補助金である。事業者に配布されるガイダンスには、この追加資金の有効な使い道が示されており、該当する子どもについて収集されたベースラインデータに、成果の評価方法が結び付けられている。

　上述したさまざまな展開は、イギリスにおける、親の保育費支出にどのような影響を与えたのだろうか。エビデンスは入り混じった実像を示している。**図表4**に示されるように、大部分の家庭にとって、可処分世帯所得における保育費支出の割合は低下している。例えば、平均所得の150％の世帯所得があり、フルタイムの保育に通う2、3歳児のいるカップルでは、可処分世帯所得における保育費支出の割合が、2008年の21％や2004年の30％以上と比較して、2012年では19％となっているが、保育費支出はOECD各国の中で最も高い水準のままである。しかし、イギリスの低所得層のカップルとひとり親では、正味の保育

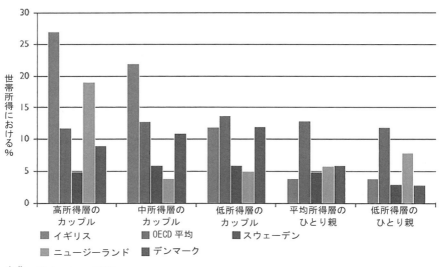

図表4　世帯所得における正味の保育費支出の割合

出典　Richardson 2012

注　この図から、イギリスでは、中・高所得層の二人親の家庭はOECD平均を大幅に上回り、低所得層の二人親の家庭はOECD平均をやや下回り、ひとり親家庭はOECD平均よりかなり低いことが分かる。世帯所得における保育費支出の割合は、他国と比較して、二人親の家庭ではかなり高く、ひとり親家庭では同程度である。

費支出は、OECDの比較国よりも平均して低くなっている。これが特に保育に対する公的補助金の結果なのか、あるいは、より不利な状況にある家庭の収入を増やすためのより広い福祉支援の効果によるものなのかは定かではない。また、増加された公的資金が、税金控除、保育クレジット、15時間の無償の就学前教育のいずれの形であれ、効果的に使われたかどうかも明らかにされていない。

4．結論

　就学前教育・保育は、上述したように、各政党が重点を置く目標は異なるものの、その重要性については、現在、明確な政治的コンセンサスが存在する。過去20年間に関心と投資が高まり、事業セクターの規模と形は変容を遂げた。イングランドとウェールズにおいて、1990年には5万9,000人だった保育所の定員数は、今日、約180万人に達するまでに成長した。

　しかし、さまざまな目標が、拡大によってどの程度達成されたかについては、まだ明らかになっていない。特に、母親の就労と生活水準に焦点が当てられたことで、定員数とコストにあまりにも大きな重点が置かれ過ぎたのではないかとの懸念もあり、教育と、より広い発達上の成果を改善する必要性から、提供の質に大きな注意を払うことが求められる。また、提供の拡大からスケールメリットがもたらされることが期待された一方で、実際には、PVIセクター全体にわたって、大多数の事業者が小規模かつ偏在的であり、その潜在力を十分に生かせている中間の事業者はわずかである。

ジョシュ・ヒルマン、テレサ・ウィリアムズ

錦織　嘉子訳

注：

（1）チャイルドマインダー

　チャイルドマインダー（childminder）の法的な定義は、「自宅において、1日2時間以上、子どもたちの世話を報酬を得て行う者」である。イングランドでは、チャイルドマインダーは「教育水準局（Ofsted）」に登録する義務がある。すべてのチャイルドマインダーが、入門コースを修了し、3年ごとに子どもの応急処置に関する研修を受けなければならない。また、イングランドのチャイルドマインダーは、2012年度の「乳幼児基礎段階（EYFS）」および「チャイルドケア登録簿（Childcare Register）」の要件を満たし、所在地域の建築法、消防法、食品衛生規制、健康・安全規制と、「2010年平等法（EqualityAct）」に従わなければならないとされている。

（2）複合的貧困指数

　複合的貧困指数（Index of Multiple Deprivation）とは、イングランドを3万2,844の小単位の地区に分け、その相対的剥奪の度合いを示す公式の指標である。1を最貧困地区、3万2,844を最富裕地区として、全地区がランキングされている。「貧困地区」のカットオフ値はないが、最貧困地区の「低位10％」などのような形で表現される。各地区から七つの領域（所得、就労、健康・障害、教育・訓練の水準、住宅・その他サービス利用への障壁、犯罪、生活環境）について収集されたデータを基に作成されている。

（3）ユニバーサル控除

　ユニバーサル控除（Universal Credit）は、既存の家計収入調査に基づいた六つの給付金と税額控除を差し替える形で、2013年に導入された新たな社会保障給付金である。毎月1回の頻度で支給される。ユニバーサル控除の下に統合される給付金・税額控除は以下の通り。収入に基づいた求職者給付金（Jobseeker's Allowance）、住宅手当（Housing Benefit）、就労税額控除（Working Tax Credit）、児童税額控除（Child Tax Credit）、収入に基づいた雇用・支援給付金（Employment and Support Allowance）および、所得補助金（Income Support）。

（4）プレイスキーム

　プレイスキーム（play scheme）とは、一般的に、子どもたちに対して余暇活動や、そのための施設・設備を提供するプロジェクトやスキームを指す。典型的には、夏休みなどの一定の期間に提供される。

イギリス 事例1 ランベス早期行動パートナーシップ
(Lambeth Early Action Partnership, LEAP)

1. 地域の特性とランベス早期行動パートナーシップの概要

　ランベス早期行動パートナーシップ（Lambeth Early Action Partnership、以下、LEAP）は、ランベス・ロンドン自治区に存在する慈善団体である。ランベス地区は、ロンドン自治区（London Borough of Lambeth）というロンドン中心部を構成する行政区の一つであり、ロンドンの南部に位置付く。人口密度が高く、アフリカ系やポルトガル語系の言語を話す人種や、カリブ海系黒人の占める割合が高い。ロンドンでは8番目、イギリス全土で見ると22番目に貧困度の高い地域である。暴力や薬物に関する犯罪の多い貧困地域と、富裕層の若者世帯が居住する地域が混在している。

　ランベス地区では、年間約5,000人弱の子どもが生まれる。人口の約5%が4歳以下でありその数は約1万7,000人にのぼる。10世帯に1世帯はひとり親であり、子どもの約30%が貧困家庭で暮らしている。4〜5歳児の11%が医学的に肥満であり、15〜17歳の妊娠率は1,000人当たり約29人で、イングランドの平均値の約19人よりもかなり高い状態にある。

　LEAPは、宝くじ基金（Big Lottery）の公募によって、イギリス全域の190団体の中から選出された5団体のうちの一つで、2015〜2025年の計画で行う「ベター・スタート（A better start）」プロジェクトに取り組む。このプロジェクトは、妊婦から3歳児までの保護者や乳幼児を対象として、貧困に端を発する諸問題の改善に向けた早期介入を行うものである。エビデンスに基づく優れた成果を出すことを目標としており、さまざまな予防的な介入に取り組む。このプロジェクトは、総額で3,600万ポンド（約51億5,000万円）という大規模な予算であり、そ

LEAPのロゴマーク
団体名称の普及・啓発のためのシールや関係書類に活用されている

第3章 イギリス 111

LEAP事務局と保育施設があるロンドン・ランベス地区のチルドレンズ・センターの入口

のすべてが宝くじ基金によって賄われている。LEAPのスタッフは代表責任者と副代表がそれぞれ1人おり、プログラムマネージャーが2人、その他の業務のために雇用された者の計19人の人員体制で事業にあたっている。

　LEAPはイングランドにロンドンを含めて計五つの支部を有し、そのすべてで保護者、地域住民、ボランティア組織等と連携して各種事業を実施する。具体的には、①食事と栄養、②社会的・情緒的発達、③コミュニケーションと言語、④システムの変化、の四つに大別されるプロジェクトを実施している。LEAPのビジョンは、まず、全人的なアプローチをとることであり、さらに家庭と子ども支援だけではなく、それらを中心としつつ地域全体で子育て支援のサポート体制を確立することを目指している。保護者への子育て支援や保護者の友人関係の構築、近隣コミュニティのサポート体制の確立、専門家へのアクセスの改善といった取り組みもLEAPの事業対象に含まれる。

2．LEAPの主な活動内容—保護者と乳幼児を対象とする早期介入プログラム—

　LEAPでのヒヤリング調査において、組織の代表責任者であるローラ・マクファーレン（Laura McFarlane）氏、副代表、ほか1人の専門職員の計3人からお話を伺った。LEAPの事業にはさまざまなものがあるが、以下ではその主なプログラムを紹介しよう。

（1）食事と栄養に関するプログラム

　ここには、「地域活動と栄養（Community Activity and Nutrition, CAN）」という妊娠中にBMIの高い妊婦の食生活を変えるプログラムや、母乳による育児支援プログラム、ピアサポートのできる人材づくり、口腔内の健康を目指すプログラムなどがある。口腔内の健康を目指すプログラムは、ロンドン大学キン

グスカレッジの医学部との協働により実施している。これらのプログラムの開発に当たっては、まず乳幼児を持つ保護者によるワークショップを行い、問題点を明らかにする。その協議を踏まえて、各種プログラムを開発する手続きをとる。すなわち、学習者の視点に立ったプログラム開発を重視する点がその特徴と言えよう。

母乳による育児支援のための協働学習

(2) 社会的・情緒的発達に関するプログラム

ここでは児童心理学者を雇用し、アタッチメント（愛着）を育成し、保護者と乳幼児との強い絆を構築することを支援するサポー

口腔内の健康に着目したグループ学習

ト（Parent and Infant Relationship Service, PAIRS）がある。その他、DVなどによる暴力的な家庭で暮らす保護者や子どものサポート、スタッフやボランティアを対象に、貧困に端を発する問題状況を適切に理解し、それらに対応できるようにする研修プログラムなども実施される。

(3) コミュニケーションと言語に関するプログラム

保育を提供する団体や組織（child care providers）と共に各種事業を行う。言語発達が遅れている乳幼児を特定して家庭訪問を行い、言語能力を高めるプログラムを実施する。現在20カ所の幼稚園で、80世帯を対象に言語能力を高める遊びや読み聞かせを保護者に教えるなどの支援を行っている。そのサービスを実施する児童福祉司らに対する研修も行う。

(4) 上記の3領域の横断的プログラム

3領域の横断的プログラムとしては、ペアレント・チャンピオン・プログラ

ム（Parent Champion Program）がある。これは保護者の代表となるような人（チャンピオン）を保護者の中に見いだして研修を行い、その後、研修参加者がLEAPのサービスとユーザーとの間をつなぐ人材となるように育成するプログラムである。さらに、保護者の労働力の向上や、20歳以下の初めて妊娠した母親を対象とする家族と看護師のパートナーシップのプログラム、過密状態の住居で暮らす家族を支援するプログラムなどがある。

（5）保護者の人材養成プログラムについて

　上記の３領域の横断的プログラムとして紹介したペアレント・チャンピオン・プログラムをより詳しく紹介しよう。これは保護者らに就学前の育児に関する学びの機会を提供するものであるが、同時にその学びはNBQ（職業高校卒業資格）につながる単位を付与できる仕組みで実施されている。ペアレント・チャンピオン（Parent Champion）になるためには、トレーニングのコースを受講する必要がある。保護者は１週間に３時間、６〜10週間の集中的な講座を受講する。さらに１カ月に１回、１対１での熟練した指導者による指導（スーパービジョン）を受ける。

　ペアレント・チャンピオン・プログラムは、イギリスでは16歳の学校修了時に受験するGCSE（中学校卒業資格試験）の資格を有していない保護者であっても履修が可能である。コースを履修した者は、NBQを取得するためのレベル１をOCN（オープン・カレッジ・ネットワーク）に申請すれば取得できる。NBQはさらにレベル２、レベル３を履修することにより取得できる学業資格であるが、その第一段階となる単位取得が可能となることが保護者の学びの意欲を高めているという。そこでの学びは机上で書くことを中心とするのではなく、ロールプレイなどのアクティブ・ラーニングやハーバード大学が開発したブレイン・ゲームといった工作を通じて子どもの脳の構造を理解するといった体験的学習方法が採用されている。受講者の中に

ペアレント・チャンピオン・プログラムのワークショップ

は、乳幼児の祖母でコースを履修する者もいる。実際に、ペアレント・チャンピオンになった保護者の中には、他のチャリティに応募して雇用される例も出ているという。このようにLEAPでの学びは、正規の学業資格の取得や雇用促進にもつながる可能性を十分に有している点が特徴である。

3．LEAPの評価と成果

　LEAPの取り組みは計画的な評価によって、詳細な分析・検討が実施される。評価には、オックスフォード大学をはじめとする複数の大学がかかわっている。毎年実施される評価とともに、3年ごとや経年変化をたどるなど構造的に評価を計画・実施し、早期介入の効果を実証的に明らかにしようとしている。

　既にこれまでの事業評価からも、さまざまな成果が導かれている。例えば、食事と栄養に関するプログラムでは、虫歯を持つ児童や就学時、BMIが25以上の肥満児の割合が減少し、母乳で育てられる乳幼児の割合が増加した。また、ランベス地区で非健康食品を売る食品のアウトレット店が減少したなどの成果がある。

　社会的・情緒的発達に関するプログラムの効果としては、虐待やネグレクトの経験、行動的・情緒的困難さを経験する児童の割合が減少し、反対に学校への準備性や良い学業成績を達成する児童の割合が増加した。コミュニケーションと言語に

施設内には、さまざまなLEAPの乳幼児支援のプログラムが掲示されている

関するプログラムでは、コミュニケーションや言語発達に関する困難を経験する児童の割合の減少などが明らかになっている。

4．今後の展望

　LEAPは、今後の具体的活動や組織全体としての展望を有している。活動と

第3章　イギリス　115

しては1で述べたシステム変化に関することを重視している。すなわち、LEAPはこのプロジェクトによって、市民の就学前教育に対する考え方自体を変え、システムの変革を目指している。具体的には、①地域内の学習資源を、家庭を中心に置きながら利用者の意見を踏まえて取り入れること、②サービスが重複・混在しているものの一元化を図り、より利用しやすいものにすること、③地域にある小規模のボランティア団体とより連携すること、④家庭や保護者にさまざまな形で参画するワーカーと協働すること、⑤母語の違いから社会的排除を感じている人々や、育児に疎外感を持つ父親への支援、⑥多文化交流の機会のさらなる増加、などである。

組織全体の展望は大別すると二つある。一つはLEAPがある五つの地域にレガシーを残すことである。すなわち、予算支援が終了し活動をリードする団体がなくなっても地域における当該事業の継続を目指す。そして第二は、他の地域でも実施可能であることを提言することだという。イギリスは政権交代とともにさまざまな政策が大きく転換してしまうが、それ故に慈善団体が強い影響力を持って政策提言をすることが重要だと考えている。LEAPのスタッフは、そうした社会問題の改善に寄与するという強い使命感を持って、当該事業に取り組んでいる。

チルドレンズ・センター内には、乳幼児が遊べる空間が準備されている

5．調査者の所見

LEAPは極めて大規模な予算に基づき、乳幼児や保護者を対象とする早期介入プログラムの実験的事業に取り組む。これはまさに試行から学ぶ（test and learn）モデル事業だと言えよう。日本でも今後、企業や基金の大規模な予算支援による、先導的取り組みを進める事業の増加を願いたい。

貧困状態に置かれる保護者への手厚い支援には、保護者の意識や行動の変容を促すことが重要である。

そのためには保護者への学びの機会提供が必要だとするLEAPの取り組みは示唆に富む。学びの機会提供が、実際に保護者の資格取得や雇用にも結び付いていることが素晴らしい。こうした保護者や乳幼児への早期介入が、その後のさらなる問題状況の発生を抜本的に改善・予防する。日本の教育・福祉政策においても、問題の芽をあらかじめ摘む予防的アプローチを今後さらに重視していく必要があると言えよう。

金藤　ふゆ子

<基本情報>
Lambeth Early Action Partnership, LEAP
所在地：Liz Atkinson Children's Centre, 9 Mostyn Road, London, SW9 6PH, UK
URL：http://www.leaplambeth.org.uk/

イギリス 事例2

カーディナル・ヒューム・センター
（Cardinal Hume Centre）

1．カーディナル・ヒューム・センターの概要と設立経緯

　カーディナル・ヒューム・センター（Cardinal Hume Centre、以下、センター）は、ホームレスの若者や貧困地域の子どもと家族の自立を目指し、ロンドンのウェストミンスター地区を拠点に活動するチャリティ団体である。センターは、"Turning Lives Around"をミッションとして、すべての個人が安全な場所に住み、成長する権利が尊重される社会を目指して、子どもや若者、そしてその家族などに対してさまざまな支援を行っている。センターが焦点を当てる分野は、「雇用」「住宅」「教育とスキル」「法的身分」の四つである。

　センターは、1986年、カトリック教ベネディクト会の枢機卿であるバジル・ヒューム（Basil Hume、1923-1999）によって設立された。ヒュームがウェストミンスター寺院の大司教を務めていたころ、近隣の路上で寝ている大勢の若者たちを見たことをきっかけに、建物を購入し、宿泊所（ホステル）として若者たちに提供するようになったことが、センターの活動の始まりである。センターの拠点となっている建物は、かつては修道院であり、修道院の移設により、センターがこの建物を使えるようになったという。このように、センター設立の背景にはカトリック教があるが、センターでは、宗教を問わずあらゆる人々を受け入れ、支援を行っている。

カーディナル・ヒューム・センター建物

2. ホリスティックな支援アプローチ

　センターでは、二つのアプローチがとられている。一つは、「人間中心アプローチ（Person Centred Approach）」である。センターでは、訪れる全ての人々を「個人」として扱い、1対1でのアセスメントが丁寧に行われている。このアプローチをとることによって、被支援者を「ホームレス」「失業者」「片親」「移住者」「亡命希望者」などと単純に分類することなく、個人の抱える具体的で複雑な問題を把握し、そのニーズに合った支援が可能になるという。

　もう一つは、「家族全体アプローチ（Whole Family Approach）」である。センターの支援は主に子ども・若者を対象に行われるが、子ども・若者のみならず家族全体にどのような影響があるのかという点も視野に入れて活動を進めていくという。こうした二つのアプローチには、個人の幸福をホリスティックなものと捉えるセンターの方針が反映されている。

3. 具体的な活動内容

　センターの支援活動は多岐にわたるが、ここでは代表的なものとして、①住宅サービス、②生活や雇用に関するアドバイスと学習支援、③家族サービス、の三つを概観する。

（1）住宅サービス

　センターの建物内には、32のベッドルーム（風呂、トイレ、キッチン共同設置）と、五つのムーブオンフラット（風呂、トイレ、キッチン各部屋設置）がある。入居の対象者は、16～24歳までの若者である。彼らがホームレスになる主な理由は、家庭内で衝突があり、家庭が安全な環境でなくなってしまうことである。現在、自治体を介して若者が紹介され、受け入れる場合が多いという。

　センターにやってきた若者に対してまず行われるのがニーズの判定である。状況は3段階で評価され、ベッドルームは要支援度の高～中程度の若者

ベッドルームの様子

に、ムーブオンフラットは要支援度の低い、自立の準備ができつつある若者に提供される。

センターにおける自立支援は、さまざまな専門性を有する複数のスタッフによってなされる。一つは、サポートオフィサーである。5〜6人の若者に対して1人の割合で配置され、健康、教育、進歩という観点からモニターをし、自立支援を行う。もう一つは、ライフスキルコーディネーターである。例えば料理などの生活に必要なスキルを若者が身に付けられるように支援するほか、社会と結び付けるための見学などの場の設定も行っている。

近年、増加傾向にあるのが、亡命を求めロンドンに一人でやって来る子どもたちである。多くはアフリカや中東諸国から、紛争や貧困を逃れようとやってくるという。15歳以下の子どもについては自治体のソーシャルサービスの対象となることから、センターではその対象とならない16〜24歳までを受け入れている。

（2）生活や雇用に関するアドバイスと学習支援

上記の若者への住居提供は、センター設立当初から行われている活動であるが、近年ではこうしたことに加え予防的な支援も開始されている。

一つ目は、生活をめぐるあらゆるアドバイスである。例えば、今住んでいる家を立ち退きとならないように支援する住宅アドバイザー、所得に応じた社会手当の権利の解説や申請書類作成の手助けをする社会福祉権利アドバイザーなどがいる。社会福祉権利アドバイザーは、法律改正ごとに変更されるさまざまな事項を、支援者のみならずセンターのスタッフ全員に周知させる役割も担っている。

二つ目が、雇用と学習に関するサービスである。センターでは、雇用を通して自立を支援することで、経済的な幸福感を高めることを狙いとしている。そのため、若者個人がどのようなスキルや資質を持っているかを見極め、学習支援も行っている。代表的なものとして、ESOL（English for Speakers of Other Languages）と呼ばれる英語学習のコースが挙げられる。ロンドンでは英語が話せなければ就職が困難となってしまうため、英語を母語としない若者にとって英語は非常に重要なスキルの一つである。また、近年では、デジタルスキルも雇用に必要なスキルとして求められている。センターには、PCの複数設置

された部屋があり、「デジタルインクルージョン」と呼ばれるIT学習プログラムが提供されている。なお、こうした学習支援のスタッフとして、多くのボランティアがかかわっているという。

　三つ目は、「移民サービス」で、最近始まったものである。移民は、法的に認定を受けなければ職に就くことができず、貧困に陥ってしまう。このサービスは、こうした状況を食い止めるため、移民に対して無料で法的アドバイスを行い、滞在できる支援を行うものである。また、雇用や、子どもが学校に通えるような支援も行っている。

（3）家族サービス

　センターでは、家族全体を支援するためのさまざまなサービスを提供している。例えば、7〜11歳の子どもたちを対象として、放課後を有意義に過ごせるような組織的な活動の場を提供する「放課後クラブ」、学校の宿題に少人数や1対1で取り組むことを支援する「宿題クラブ」、5歳以下の子どもを持つ保護者を対象として、健康的な習慣を身に付けるための運動やゲームを行うプログラム「ヘルシーウェンズデー」、コミュニティ・エンパワメントを目的としたフードバンクや洋服バンク、幼稚園入学等のアドバイスを行う「ファミリーフライデーズ」、家族全員で参加できるプログラム（アート、工作、料理など）を展開して家族関係の促進を目指す「ファミリーサタデーズ」、14歳までの子どもを対象として、夏休みやイースターなどの学校の休暇中に実施される「休暇中プログラム」などがある。

料理を学ぶ様子

　こうした活動を始めた背景にあるのが、ウェストミンスター地区の家庭間格差である。ウェストミンスターは、国会をはじめさまざまな政府の機関が集まる地区である。そのため、裕福な家庭と貧困な家庭というように家庭間の格差が非常に激

第3章　イギリス　121

しい。そして、そうした状況は貧困層の子どもたちにとって悪影響になるという調査結果も出ているという。センターでは、こうした地域特性からニーズを特定し、プログラムを発展させていった。

近年では、センターのあるウェストミンスター地区のみならず、より貧困家庭の多い南ウェストミンスター地区へのアウトリーチが積極的に進められようとしている。というのも、南ウェストミンスター地区に住む人々がなかなかセンターを利用しないという現状があるためである。近隣の学校に協力を依頼し、スペースを借りる形で活動を行っているという。

4．収入とスタッフ

センターの収入源の約4分の1が個人による寄付、約4分の1がトラストからの資金である。また、地方自治体の助成金も財源の一部である。個人による寄付については、カトリック教信者からのものが多いという。トラストや地方自治体からの助成金は入札制であり、活動目的ごとに入札して得ているという。現在も、ウェストミンスター地区の助成金を得ており、これらは家族サービスや住宅サービスの運営のために使われている。

センターの活動は、63人（常勤46人、非常勤17人）によって担われているほか、ボランティアスタッフとして年間平均約100人の者が活動にかかわっている。なお、ボランティアコーディネーターとして2人の非常勤職員が雇用されており、応募者の面接や配置をマネジャーと共に実施している。ボランティアの募集は、市内全域を対象に行われ、遠方では1時間かけて通ってくるスタッフもいるという。また、ボランティアスタッフを受け入れるに当たり、条件として最低3カ月間ボランティア活動を継続することが重視されている。なぜならば、特に放課後クラブなど子どもの支援を対象とする場合には、定期的に同じ大人に会うことが子どもの安心感へつながるためである。

5．今後の課題

近年のイギリスの傾向として、国および地方自治体の財政難から、子どもに対するソーシャルケアに関する予算は削減されている。その結果、費用対効果という観点が重視され、問題への早期介入や予防を目指す事業が推進されつつある。センターのようなチャリティ団体は、予算削減により継続が困難になっ

たり、支援がこぼれ落ちてしまったりするサービスを継続的に実施していくという重要な役割を担っている。センターにおいては、早期介入や予防という観点から将来的な戦略を立て、支援プログラムを発展させている。

　センターが現在取り組んでいる課題は、今まで以上に自治体とのパートナーシップを深められるような連携モデルを構築することである。現在もセンターでは、子どもたちの発達状況に応じて自治体と情報共有するなどの連携を進めている。なお今後、子どもたちの発達に大きく影響する学校との連携をいかに深めていけるかが、子どもたちへの包括的な支援を行う上で重要な課題となっているという。

園部　友里恵

<基本情報>
Cardinal Hume Centre
所在地：3-7 Arneway Street, Horseferry Road, London, SW1P 2BG, UK
URL：https://www.cardinalhumecentre.org.uk/

子ども協会
(The Children's Society)

イギリス 事例3

1．子ども協会とは

　子ども協会は、1881年に公務員で日曜学校の教師でもあったエドワード・ルドルフ（Edward Rudolf）によって設立された慈善団体（チャリティ）である。設立当初から現在に至るまで、「すべての子どもが良い子ども時代を送るに値する」という信念のもとに子どもの貧困問題に取り組んできた。

　設立当初はイギリス国教会の支援を受けた孤児院としてスタートし、子どもの貧困に対する社会認識を高めることに大きく貢献した。その後、より多くの子どもたちが家庭環境で過ごせるようにと、活動を徐々に里親・養子縁組に移し、1960年代後半には国内で最大規模の養子縁組あっせん団体に発展した。1970年代に入ると時代の変化に対応し、家庭やコミュニティ内で子どもや若者を支援するサービスモデルへの転換を図った。1990年代以降は、子どもたちに対する各種の支援プログラムの運営のほか、特に社会的正義に焦点を当て、法律や社会手当の改正に対するロビー活動や政策提言も行っている。2014年に導入された新しいモノクロのロゴは、子どもの貧困という厳しい現実に立ち向かっている点を強調している。

子ども協会のロゴ

2．組織構造

　子ども協会の本部はロンドン北部に位置している。本部で働くスタッフはほぼ全員が常勤で、総数は約30人、年齢は20〜40歳と比較的若い。本部では組織としての方向性や優先事項、活動の枠組みなどを決定し、資金調達を行っている。また、貧困・社会問題に関する調査を行い、シンクタンク的な役割も果たす。ロビー活動や政策提言も本部の重要な役割の一つである。

　子どもたちに対する具体的な支援は、地方本部（ロンドン、バーミンガム、

マンチェスター、ニューキャッスル、トーベイ)の下に統括される38の地域センターを通して提供している。地方本部が各地域のニーズに合わせて支援プログラムを企画・運営し、人材管理や独自の資金調達も行う。全国の地域センターで働くスタッフは常時約1,000人で

ロンドン北部に位置する本部

女性が多く、パートタイムの短期契約が中心、主な役割は特定の支援プロジェクトの運営・実施である。プロジェクトは約2年単位で助成金を受けて運営されることが多く、プロジェクトごとにスタッフを雇用する。プロジェクト終了とともに契約切れとなるため、良いスタッフを長期的に確保できないことが課題とのことだった。

3．運営資金

本部が行う資金調達には、遺贈を含む個人寄付、企業寄付、財団からの寄付、宝くじ基金、国や地方自治体の助成金などが含まれる。最大の財源は、歴史的なかかわりの強いイギリス国教会からの寄付である。本部で調達された資金は、本部の運営やキャンペーンなどに利用されるほか、地方本部に分配される。

地方本部では、提供する支援サービスの内容に合わせて警察、医療、公衆衛生サービスなどの補助金を獲得したり、地方自治体に代行して貧困家庭の子どもを支援することでサービス料として支払いを受けたりなどの形で運営資金を確保している。また、チャリティショップ[1]と呼ばれる中古販売の店舗の運営からの収益も財源となる。子ども協会のチャリティショップは全国に100店舗あり、1万人のボランティアによって支えられている。ほかには学生ボランティアがイベントを企画・運営し、スポンサーから寄付を取り付けることもある。

これらの資金は使用目的に制限があるかないかによって分類される。国や地方自治体からの補助金や一部の企業寄付金は、特定の目的のために提供される

第3章 イギリス　125

ことが多く、使用目的が限られる。一方で、個人寄付金やチャリティショップの収益は自由に使えるため、政策提言やキャンペーンなど、支援サービス以外のさまざまな目的に利用されている。

4．支援活動：3つの「R」

　2016年度に子ども協会の直接的な支援を受けた子どもたちは2万128人に上る。対象は主に10〜18歳の子どもたちだが、19〜24歳の青少年向けのサービスも提供している。限られた資金を効率的に使うため、「複数の不利な状況に置かれた子どもたち」に的を絞っている。貧困にある子どもたちは、家庭内暴力、ネグレクト、保護者のアルコール・薬物の乱用、失業など、さまざまな問題を複合的に抱えていることが多い。

　これらの問題に対処するため、子ども協会では三つの「R」、すなわちレジリエンス（Resilience）、リスク（Risks）、リソース（Resources）に焦点を当てて活動内容を設定している。レジリエンスは、子どもたち一人一人が持つ「困難を乗り越える力」を意味する。リスクは、子どもたちの安全やウェルビーイングを脅かす要因（ネグレクト、性的虐待、ギャング活動など）で、これらの危険を特定した上で適切な支援を行う。リソースは、子どもたちが利用可能な資源で、例えば家族や友人などの社会的な資産が含まれる。既存のリソースを最大限に生かす支援を特定し、活動内容を決定する。

　地方本部では、これら三つの要素を考慮しながら、各地域の問題やニーズに沿う形で支援サービスを決定・運営している。具体例として、コベントリー市ウィリンホール（Willenhall）地区で行われた活動を紹介する。

〈支援活動の具体例：「アイラブウィリンホール」プロジェクト〉
　支援活動の行われたコベントリー市（ウィリンホール地区）は、ロンドンの北160kmに位置する戦後に再開発された地方都市である。地域特性として、低所得家庭や失業者が多く、貧困率が高い。犯罪率の高さや健康状態の悪さも社会問題として指摘される。子どもたちの学力は全国平均以下である。

　このプロジェクトは、既存の支援サービスを実施していた子ども協会のスタッフがウィリンホール地区の子どもたちの問題点を察知したことから始まった。まず、学校や地域のユースクラブで子どもたちのウェルビーイングについ

てアセスメントを行った。その結果、全般的なウェルビーイングのみならず、安全面に関するさまざまなリスクや問題が特定された。具体的には、「自分たちの生活環境が安全でないと感じる」「危機的なときにサポートネットワークが存在しない」「危険な行動に駆り立てるピアプレッシャーがある」「ジェンダーステレオタイプに対するプレッシャーがある」などが挙げられた。特に危険な行動に駆り立てるピアプレッシャーとしては、「デアトゥーゲーム（dare to：あえて～できるか）」と呼ばれるゲームが流行っており、危険な橋を渡るなどの行動が指摘された。ジェンダーステレオタイプでは、女子は身体的なプレッシャーや性的な期待を感じており、男子は、伝統的なタフ・マッチョな男性観に対するプレッシャーを感じていた。「ここでは戦わなければ生き延びれない」という言葉も男子から聞かれた。

これらの結果を受けて、スタッフが放課後活動の場に出向き、子どもたちと話し合い、町のイメージアップのキャンペーン活動が展開された。右の写真は9～10歳の子どもたちが作成した「ウィリンホール住民宣誓書」である。宣誓書には、「私の名前は～。ウィリンホールの住民として、親切で、環境を気遣い、人種・性差別的な言葉を使わず、自分の行動が他の人に与える影響を考えることを誓います」と書かれている。危険な町というレッテルを払拭するため、「アイラブウィリンホール」というバッジも作成した。10代を対象に行った活動では、映画会社の協力を得て、町についてのプロモーションビデオを作成した。ビデオでは、子どもたちが町の良い所と問題点を紹介した。このビデオは自治体職員、意思決定権を持つ議員、コミュニティの住民などに積極的に見せている。物理的な環境の改善策として、子どもたちの先導で警官と自治体職員が町を歩き、危険な場所の特定を行った。これを受

子どもたちが作成した「ウィリンホール住民宣誓書」

「アイラブウィリンホール」バッジ

第3章 イギリス　127

けて、特定個所の改修やイメージの変更に関する対策案が策定されている。また地域の店舗や企業に呼びかけ、子どもたちが危険を感じたときの逃げ場として「セーフゾーン」の認定を行った。このほかにも図書館でフォーラムを開催するなど、地域住民の認識を高める活動を行っている。

　このように、全国的なデータを利用して貧困地域を特定し、さらに地域スタッフが問題点を選定した上で、テーラーメイドの施策を行っている。子どもたちを計画段階から巻き込んでプログラムを実施する点も特色である。また、成果を地元の政策に反映し、警察などの関係機関に働きかけることを理想的なあり方としている。貧困地域特定のアセスメントはヨーク大学の協力を得て作成したもので、子どもの主観的なウェルビーイングを図るツールとして利用されている。支援活動実施前後にアセスメントを行うことで、活動の成果を図る上で貴重なデータを収集している。このほかにも、すべての支援活動に関して評価の枠組みが設けられており、成果の評価を行うのみならず、エビデンスの蓄積が行われている。評価の実施には、活動の成果を資金提供団体に報告することで、次の資金につなげるという側面もあるとのことだった。

5．現状と今後の課題
　2008年の金融危機以来、イギリス政府は大きな負債を抱え、特に2010年以降の予算削減は地方財政を圧迫し、さまざまな公共サービスに対する影響が指摘される。子どもの貧困に関しては、2010年に成立した「子ども貧困法」で、2020年までに相対的貧困にある子どもの割合を10％未満にするなどの4項目の数値目標が掲げられたが、2015年には、この数値目標と報告義務が取り除かれた。成立当初には子どもの貧困問題の背景として家庭所得が認識され、所得レベルを上げる努力がされていたが、現政府は社会手当を介した所得レベルの向上は政府の責任ではないという立場であり、対策の焦点が保護者のアルコール・薬物乱用への介入や、メンタルヘルスの改善などに移行している。
　子ども協会では、具体的な支援プログラムを提供する一方で、貧困に関する独自の調査や既存データの分析を行い、政府に対する提言やキャンペーンを行っている。独自の調査から、貧困が複数の問題を抱える子どもたちに共通していることが明らかになった。貧困は健康状態、教育、その他のリスクと関連し

ているが、最も脱出し難い問題であることも特定された。

　不況を受け、国や地方自治体からの補助金や個人寄付などが減少傾向にある中で、一つの慈善団体として、貧困にあるすべての子どもたちに具体的な支援を提供することは不可能である。今回の調査に対応してくださった政策チームのクレリン氏とポーター氏は、子ども協会が独自の調査を通して社会システムの問題点を指摘し、その改善策について中央・地方政府にエビデンスに基づいた提言を行う上で、より多くの子どもたちに働きかけていくことも重要だと語っていた。子どもたちと直接かかわることで得た生の声を反映させながら政策に影響を与えていくことで、子どもたちをエンパワーするのが重要な仕事であるという点が印象的だった。

錦織　嘉子

注：
（1）慈善団体が運営する中古販売の店舗は一般にチャリティショップ（charity shop）と呼ばれる。販売する中古品はすべて寄付からなり、衣類、本、おもちゃ、家具、電化製品などさまざまな生活用品が販売されている。店舗の責任者は有給のスタッフであることが多いが、寄付された中古品の整理や店舗のレジなどはボランティアが無償で貢献している。

<基本情報>
The Children's Society
所在地：Edward Rudolf House, Margery St, London WC1X 0JL, UK
URL：https://www.childrenssociety.org.uk/

イギリス 事例4

ロンドン市長基金

（Mayor's Fund for London）

1．ロンドン市長基金とは

　イギリスでは、歴史的に慈善の精神に基づく公益的活動を行うチャリティ（charity）団体が数多く存在し、行政の手が届かない領域を網羅、きめ細かな支援事業を行っている。今回訪問したロンドン市長基金（Mayor's Fund for London）は、このようなチャリティ団体の一つである。その目標は、ロンドン33区全体の貧困層の子ども（4～24歳）を対象に、ウェルビーイング（well-being）の達成、数的・言語的スキルなどの雇用され得る能力の獲得、雇用と起業に関する支援等を行うことにより、貧困から脱出させ、社会移動を促し、最終的にロンドン全体の経済を活性化することにある。この目標を達成するために主要領域を特定し、それに基づいた活動内容を企画・実施している。

　団体名のとおりロンドン市長がパトロンで、ロンドン市庁舎の部屋の一角を提供されてはいるものの、国はもとよりロンドン市からの財政支援はなく、活動資金はすべて独自調達である。ただし、ロンドン市長の名前を冠として掲げることで組織の信用保証がなされるといった意義は大きいとのことである。

　この団体の設立は、前ロンドン市長のボリス・ジョンソン（Boris Johnson）が当時のニューヨーク市長のブルームバーグ（Michael Bloomberg）とニューヨークで面談したことに始まる。ブルームバーグは、ニューヨーク市長であるとともに

斬新なデザインのロンドン市長舎内にあるオフィス

多額寄付者として有名であり、実業家として得た富の一部で、ブルームバーグ・フィランソロピーズという団体を設立し、ニューヨークの行政が取りこぼしている領域に対し慈善事業を行っていた。ジョンソンはこの事実に感銘を受け、同様の団体をロンドンに設立することを、2008年のロンドン市長選のマニフェストとして掲げた。しかし、ロンドン市長基金設立にあっては、その後の持続可能性を考え、誰が市長になっても存続できるようロンドン市から全く独立したガバナンス形態とした。つまり、財政支援もないが市長や市が運営に口を出すことは一切ない。運営にあっては、ロンドン市長部局も共通の目的達成のために参画はするが、芸術界、ビジネス界、他のチャリティなど、さまざまな分野から選ばれた理事による理事会が最終的に活動を決定する。

2．事業内容の策定

　ロンドンは大都市であり複雑な街である。人口約900万人のうち4〜24歳の若者が400万人である。また、首都のため、国も政策に関心を持ち、ロンドン市が交通、道路規制、文化、警察などを管轄するが、それ以外は各区（borough）の予算で独自事業を行うといった構造的な難しさがある。ロンドン市民は多民族であり、貧困問題は長い間存在する社会課題の一つである。単独のチャリティでこのような大きな課題を担うことは難しいため、ロンドン市長基金では、三つに的を絞って活動している。つまり、①特定事業に焦点を当てて、他のチャリティと協働して実施する、②ロンドンに5,500余りあるチャリティを、助成金、リソースが競合しないよう目的に沿って組織立ててつなぐ、③施策がない隙間の活動を行うチャリティと地域をつなぐ、ことである。市長、市長部局、区、チャリティが同じ目標に向かう場合、さまざまな機関をどこかでつなげる機能が必要であり、その役割を果たす活動である。

　事業は、「戦略（インプット）→活動→アウトプット→社会的影響（インパクト）」といった「変革理論」（Theory of Change）に基づいて企画・実施され、その後、評価を行う。このプロセスにおいて、さまざまな選択肢の中で何が最も重要かを考慮した結果、ロンドン市長基金では、長期目標を「若者の雇用創出」に置き、この目標達成のため、就労に至る四つの「A」を定めた。つまり、①アスピレーション（やる気）、②アビリティ（リーディング、ライティング、計算）、③アウェアネス（機会に対する認識を高める）、④アクセス（家族がオ

第3章　イギリス　131

フィスで働いたことがない子どももいるため機会へのアクセスの手助けを行う)、である。そして、この四つの「A」のための具体的事業が策定されている。

3．具体的事業例：キッチン・ソーシャル

一つの事業例として、キッチン・ソーシャルを紹介しよう。

ロンドンでは、20万人が最貧層として学校給食無償提供対象者で、それ以外に常に空腹を抱える層が30万人、合計50万人以上の子どもが十分な食事を与えられていない。

キッチン・ソーシャルは、フードバンクのように単純に食事を提供するものではない。夏休みの期間中、料理教室など、さまざまな活動を通じて子どもたちにコミュニティに参加させる試みである。食べ物を取り上げたのは、

キッチン・ソーシャル風景（「ロンドン市長基金」提供）

健康や肥満という問題よりも、「子どもはお腹がすいていればやる気がでない」という事実からに尽きる。さまざまな実証研究によって、朝ご飯を抜いた子どもは、昼の給食までやる気が起きないとされている。また、イギリスでは1年のうち170日が学校休暇に相当するが、長期休暇から学校に戻った時、恵まれない家庭の子どもとそうでない家庭の子どもとの格差は歴然である。例えば、休暇中空腹の子どもは、友達が少ない、美術館に行くなどの文化活動やキャンプなどの宿泊体験の機会が少ない、社会的に孤立している、といった調査結果もある。

そのため、キッチン・ソーシャルでは、心理的・身体的ウェルビーイングのみならず、休暇中に健康な食事がとれる安全な場所を提供することで、社会化や社会的統合も目的とする。このような食事提供活動は、ロンドン貧困地域での朝給食（Breakfast club）から始まった。4～5年前からは他のチャリティ、政策立案者、市などに働きかけ、「朝給食」はロンドン市内に行き渡るようにな

った。それらを受けて、2015年にキッチン・ソーシャルを試行、2016年の夏から本格的に実施することになった。

当初、キッチン・ソーシャルを実施する社会的基盤がなかったため、休暇中に子どもに対する活動をしている36の組織や団体に働きかけ、その活動に併せて食事を提供するといったパイロット事業を行った。今後330の地域まで拡大することを計画している。

休暇中の子どもの空腹という問題について、政策立案者の認識が欠けている。そのため、ロンドン市長基金では、キャンペーンとして、①休暇中の飢えといった隠れた問題に対する認識を高める、②政党を超えた議員連盟を設立し政府に働きかける、③今後3年間に300以上のパートナーと共に休暇中に食事を提供する活動を行う、の三つを掲げている。

また、活動の効果測定は、宝くじ財団（big lottery foundation）からの助成金を得て、食料、栄養などの研究で名高いノーサンブリア大学（Northumbria University）に依頼して実施している。ロンドン市長基金は、小規模なチャリティではあるがロンドン市長の名前が付いたブランドを有する。効果に関する学術的評価を義務付けられてはいないものの、きちんとした評価をすることで、組織に対する付加価値や信用を獲得し、資金調達の上で優位に立ちたいとのことであった。現場で実践を行うチャリティとその効果測定を担う大学との連携は、イギリスのほかのチャリティでも多く見られ、イギリスの社会科学研究と政策活用との関係の一端をうかがい知る契機にもなった。

「ロンドン市長基金」年次報告書表紙

4．今後の課題

ロンドン市長基金の最高責任者（CEO）であるマシュー・パッテン（Matthew Patten）氏の経歴を伺ったところ、もともとは、F1、テニスなどのスポンサーシップに関する企業マーケティングが専門で、ロンドンオリンピックのとき、

スポーツの広告やブランドイメージづくりに従事したとのことであった。その後、オリンピックのレガシーにかかわる仕事や、「やっていてハッピーになる仕事に就きたい」と思っていた中で、チャリティに自分の存在意義を見いだしたという。もともと人に興味があり、ロンドンで子育てをしたので、ロンドンという地域で子どもたちの可能性や機会を広めていくことに関心があった。イギリスには15万ものチャリティがあり専門分化してきているが、ビジネスの技能やセンスを持つ人材が圧倒的に少ない。ロンドン市長基金では、パッテン氏がかつてPR業界で身に付けたビジネス技能が役立っているとのことである。

　パッテン氏に今後のイギリスのチャリティの課題を挙げてもらった。それによれば、第一に、イギリスには、伝統的なフィランソロピーの歴史がある。この歴史に対するプライドとともに「良いことだ」と認め、富裕層だけでなく、より多くの人がかかわることを促すことである。第二に、より多くの企業が慈善団体のための基金を設立し、そこで雇用が創出されることである。ロンドンオリンピックでは「チーム・ロンドン」というボランティアが組織された。そのときのボランティアが現在も引き続き地域で活動しており潜在的な人材は多くいる。第三に、政治や行政が取りこぼしている領域に対し、政治的リーダーシップが必要である、とのことであった。

　そして、パッテン氏は、「扱う領域が貧困といった社会の不幸な現実ではあっても、ロンドン市長基金という団体の肯定的イメージや成果を宣伝していきたい」との抱負を述べた後、「チャリティにはハートが必要だ」と明るく元気に語った。

岩崎　久美子

<基本情報>
Mayor's Fund for London
所在地：City Hall, The Queen's Walk, More London, SE1 2AA, UK
URL：https://www.mayorsfundforlondon.org.uk/

イギリス 事例5

ファミリー・アクション
（Family Action）

1．ファミリー・アクションとは

　ファミリー・アクション（Family Action）は、貧困、恵まれない環境、社会的孤立状態にある人々への実践的・情緒的・財政的支援を行うイギリスで最も古いチャリティの一つである。産業革命により経済的発展を見たビクトリア朝時代に、オクタビア・ヒル（Octavia Hill）という社会改革を目指す女性により創設された。当時、経済的自立が難しい貧しい母親が収容された救貧院の一種、ワークハウスでは家族が離れ離れにされるため、ヒルは、家族が一緒に暮らせる包括的支援を行うことを目的に1869年に社会奉仕活動を始めた。これがファミリー・アクションの起源である。

　ファミリー・アクションのスタッフは732人、ボランティアは599人、イングランドでは84、ウェールズでは22の自治体の委託を受けて事業を行っており、イングランドとウェールズに15の地方事務所を置いている（2017年1月31日現在）。現在では、全国組織の大規模なチャリティとして、イングランドやウェールズの145地域において、乳児から高齢者まで経済的に困っている4万5,000世帯を超える人々に対し事業を展開している。

「ファミリー・アクション」の入り口

2．主な事業

　事業は、「変革理論」（Theory of Change）に基づき（**図表1**）、問題を特定

第3章　イギリス　135

図表1　ファミリー・アクションのアウトカム設定

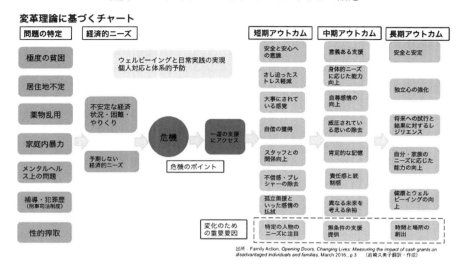

出所：Family Action, Opening Doors, Changing Lives: Measuring the impact of cash grants on disadvantaged individuals and families, March 2016., p.3.（岩槻久美子翻訳・作成）

し、短期・中期・長期のアウトカム設定ののち、実施に移される。この「変革理論」といった言葉をイギリスのチャリティを訪問するたびよく耳にし、どの団体も目標設定の下、確実な成果を達成するための評価指標を制定していた。

　ファミリー・アクションが現在実施している事業内容は主に四つである。

　事業数が最も多い領域は、「子どもと家庭支援事業」で、その中でも特に重点が置かれているのは「家庭支援」である。これは、家庭内暴力、家庭内のトラブル、メンタルヘルス、貧困、失業など、複雑な課題を抱えている家庭を対象に1対1で支援するものである。それぞれの家庭が置かれた状況に配慮しながら、ホリスティックな自立を目指して、期間を設定して具体的目標に向けた支援を提供する。その他、特別な支援が必要な子どもを持つ保護者支援、学校を退学した子どもへの支援、保護者が精神疾患など長期疾患を持ち介護のため学校に行くことができない子どもの保護、心理療法士による心理療法の提供、家庭内暴力や虐待に特化した事業、社会手当に対するアドバイス事業など、事業内容は広範囲に及ぶ。

　二番目の領域は、0～5歳を対象とした「就学前教育」で、医師や助産師と連携した周産期の親支援、子どもの養育支援、そして子どもセンターの指定管理事業など、貧困レベルの高い地域を特定し効果的に事業を実施する。

三番目の領域は、「成人のメンタルヘルスとウェルビーイング」で、精神疾患を持っている人に対し、診療所や病院などと提携し24時間体制の支援を行うほか、病院ではなくコミュニティで生活できるよう住居提供事業も実施している。

以上の三つの領域のほか、1869年創設以降、さまざまな篤志家の遺贈を投資、その運用利子により、差し迫った困窮状態にある2,000世帯に対し小額の現金を支給する事業も行っている。

3．財源

年間収入は約2,200万ポンド、その80％は地方自治体の医療関連の委託事業からであり、20％は資金調達による。

イギリスでは、政策変更に伴う社会福祉予算の削減で、イギリス全土の子どもセンターの多くが閉鎖された。ファミリー・アクションでは、政策に沿って、子どもセンター、周産期支援、家庭支援を含む24事業をいったん廃止し、新規に同様の内容による18事業を起こした。事業の多くは、自治体予算で行っているため、効果のある事業であっても自治体の予算が削減されると継続できなくなる。また、自治体の行政サービスの指定管理を受託する際の入札競争も厳しい。自治体が凍結する事業は、法律で実施が義務付けられていないものが多く、周産期の親や家庭支援の事業は、現在の支援が将来的には社会的コストの削減になり投資効果があると担当者が納得していても削減されやすい。一方、自治体に法的に義務付けられている児童保護、養護施設支援、子どもが介護人である場合の支援、特別な支援が必要な子どもへの支援などは、予算が維持される。

このような状況にあって、自治体予算に依存するのではなく、自主財源確保のため、資金調達の多様化を図り、この5年にファミリー・アクションの資金調達額は100万ポンドから400万ポンドまで増加した。

資金調達先としては、第一に企業寄付を募るが企業の寄付も以前と異なる様相がある。例えば、以前はチャリティに社員を派遣しボランティアに従事させる形態が多かった。しかし近年は、チャリティの革新的プログラムに対し寄付を行い、プログラムによる社会改善の様子を報告書で提出させる。このように、企業のCSR活動の一環として、目に見える成果、社会的効果が出るものに対し積極的に資金援助する傾向が顕著になってきている。

企業寄付以外の資金調達としては、第二に補助金事業がある。例えば、「宝くじ基金」による「革新的プロジェクト」事業では、今までにない事業を行うことが要件として求められている。ファミリー・アクションでは、その一つとして、養護施設の子どもを対象にした犯罪予防パイロット事業といった効果的モデルを、「安全な避難所」（safe heaven）事業に応用して行っている。また、その他、適応するモデル自体のイノベーションに着目し、診療所でのアドバイザーサービスを救急外来の場において行う「健康な家庭」（well family）事業も補助金により実施している。このプロジェクトでは、恵まれない地域であるハックニー（Hackney）の診療所の救急外来の場に、心理療法士、ソーシャルワーカーなどの医療以外のスタッフを常駐させ、22の言語によりサービスを行っている。救急外来には、医療的問題というよりは、心の問題を抱えどこにも行けずに来たという人が多いため、そのような人々に対応する。

　企業寄付、補助金事業に加え、第三に研修事業やコンサルタント事業による収益がある。一般企業から、ファミリー・アクションの経験知に基づき、企業スタッフの家族に対するウェルビーイングのコンサルタント業務を請け負い、家族の抱える課題、育児、アタッチメント（愛着）などの研修を行っている。中でも人気がある研修としては、企業スタッフに対するメンタルヘルス講習がある。このような事業展開のために、世界銀行などに勤務する人などを研修のメンターとして招き、スタッフ研修を徹底して行うことで戦略的に事業拡大を図っている。

4．今後の課題

　最高責任者（CEO）デービッド・ホームズ（David Holmes）氏は、事務弁護士（ソリシター）の資格を有し、イギリス保健省（UK Department of Health）において児童養護の政策立案に従事、自治体での児童保護などの要職を経て、その後、チャリティの責任者を12年間務めるなど、一貫して社会的に弱い立場に置かれた家族や子どもにかかわって25年になる。

　ファミリー・アクションは、2019年に創設150周年を迎える。ホームズ氏は、このような伝統的組織をまとめる責任と存続させる義務を強く感じるという。今後、事業として発展させたい領域を聞いたところ、住居を提供している精神疾患者の中には高齢の認知症の者も多いため、高齢化社会に向けて、60歳以上

の認知症になった人々への事業も重点的に行っていきたいとのことであった。

ホームズ氏は、ファミリー・アクションをビジネス体と考え、新しい状況に適応するために、グループ全体で改革・改善に向かっていくよう働きかけているそうである。具体的には、コンサルタント事業を慈善活動に組み入れ、また、小規模だが専門的で質の高い活動を行ってきた三つのチャリティを合併、今後、さらに二つのチャリティを合併する予定である。イギリスのチャリティは、生き残りをかけてビジネス的運営に舵を切っており、多様な領域に活動範囲を広げリスクの分散を試みているとのことであった。

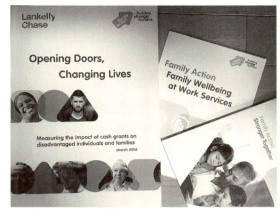

さまざまなパンフレットや資料

「組織を存続させるためには起業家精神が重要だ。しかし、チャリティとしての精神は決して失ってはいけない」と、ホームズ氏は静かな情熱をこめてインタビューを締めくくった。

岩崎　久美子

【参考文献】
・Family Action, *Impact Report: Stronger Families Brighter Lives,* Issue 3.
・Family Action, *Opening Doors, Changing Lives: Measuring the impact of cash grants on disadvantaged individuals and families,* March 2016.

<基本情報>
Family Action
所在地：24 Angel Gate, City Road, London, EC1V 2PT, UK
URL：https://www.family-action.org.uk/

140

第4章

日 本

総　論：子どもの貧困に関する政策の動向と課題	142
事例1：日本財団「子どもサポートプロジェクト」	152
事例2：彩の国子ども・若者支援ネットワーク	157
事例3：True Colors	163
事例4：チャイルド・リソース・センター	168
事例5：エデュケーションエーキューブ	174
事例6：子どもデザイン教室	179
事例7：おおさかこども多文化センター	184
事例8：豊島子どもWAKUWAKUネットワーク	188
事例9：暮らしづくりネットワーク北芝	193
事例10：グリーンコープ生活協同組合ふくおか・子ども支援オフィス	197

日本	子どもの貧困に関する
総論	政策の動向と課題

　「子どもの貧困元年」とされる2008年から、10年以上が過ぎた。この年に、子どもの貧困をテーマにした複数の書籍が出版され、翌年、子どもの貧困をテーマとした番組が放映された。これらの動きを通し、子どもの貧困に関する社会的関心が高まったことを受け、2013年6月に、衆議院・参議院とも全会一致で、「子どもの貧困対策の推進に関する法律」（子どもの貧困対策法）が可決された。この後、民間レベルでの取り組みに加えて、政府や地方自治体における子どもの貧困対策の体制づくりが徐々に進みつつある。

　本稿では、子どもの貧困の現状とその社会的影響を整理した上で、子どもの貧困に関する政策体系と各省庁の取り組みを取り上げ、最後に政策上の課題について言及する。

1．子どもの貧困の現状

　「子どもの貧困」とは何か。簡潔な定義として「子どもが経済的困窮の状態におかれ、発達の諸段階における様々な機会が奪われた結果、人生全体に影響をもたらすほどの深刻な不利を負ってしまうこと」[1]が挙げられる。この定義では、貧困の中核的な要素を経済的困窮と見なしながらも、衣食住の環境や、時間的・精神的なゆとり、多様な体験の機会、適切な学習環境等、子どもの健全な発達にとって必要な要素が不足することによって、その後の人生に深刻な影響がもたらされることが問題視されている。

　子どもの貧困を考える際には、生きるために最低限必要な衣食住が不足している状態（絶対的貧困）と、普通の生活を送るための金銭が十分にない状態（相対的貧困）という二つの基準が存在することに注意が必要である。子どもの貧困に関する取り組みでは、絶対的貧困の撲滅だけでなく、相対的貧困の割合をできる限り減少させることも視野に入れられている。

142

相対的貧困の度合いを示すものとして、しばしば用いられるのが相対的貧困率という指標である。この指標は、可処分所得に関し、国民の中央値の半分である「貧困ライン」を下回る人々の割合を示すものである。2015年における貧困ラインは122万円（個人）となっており、このラインを下回る人々の割合は15.6％、18歳未満の子どもの貧困率は13.9％となっている。経年的に見ると、子どもの貧困率は、全年齢層の貧困率より上昇ペースが早く、2012年時点での子どもの貧困率16.3％は、全年齢層の貧困率16.1％を初めて上回った。2015年時点での子どもの貧困率は、2012年に比べ2.4ポイント低下したとはいえ、依然として7人に1人が貧困の状態にある（**図表1**）[2]。

　貧困が特に顕在化しやすいのは、ひとり親世帯である。厚生労働省の調査によれば、「子どもがいる現役世帯」のうち、「大人が一人」世帯の貧困率は50.8％となっており（**図表1**）、「大人が二人以上」の世帯の貧困率が10.7％であることと比較すると、貧困率は極めて高くなっている[3]。日本はひとり親世帯の就業率が高いにもかかわらず、特に母子世帯における収入が一般世帯に比べて低いため、このような状況に陥っている[4]。

　国際的に見ても、日本の子どもの貧困率はOECD加盟の34カ国中10番目の高

図表1　子どもの貧困率と大人が一人（ひとり親）世帯の貧困率（相対的貧困率）

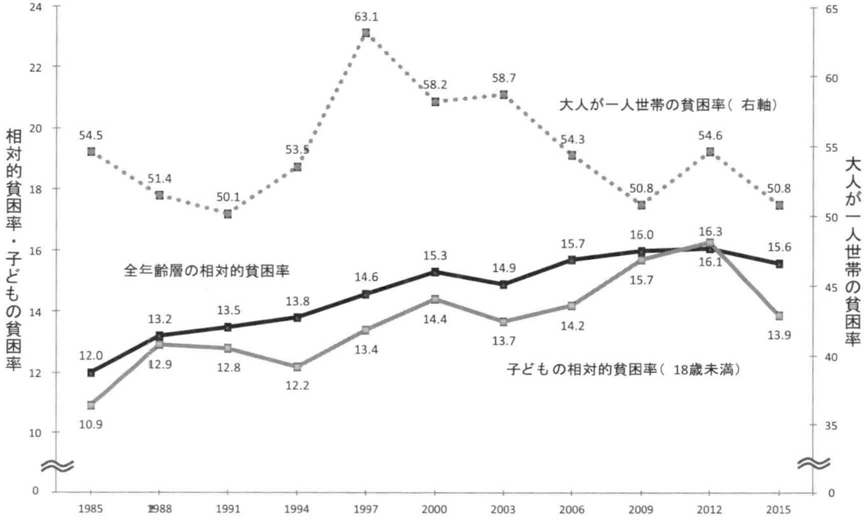

出所：厚生労働省『平成28年 国民生活基礎調査の概況』より筆者作成

さとなっており、平均値を上回っている。ひとり親世帯の貧困率についても、OECD内で最も高くなっている[5]。さらに、貧困の深刻さに関する「相対的所得ギャップ」に関して、日本は60.2％と、先進諸国41カ国中、下から８番目の数値となっている。これは、日本において所得下位10％に属する子どもの世帯所得が、中位の子どもの世帯所得の４割に満たないことを示し、所得の格差が大きいことを表している[6]。

２．子どもの貧困の社会的影響

　このように、日本の子どもの貧困の問題は、経年的に見ても、国際的に見ても決して楽観視できる状況にない。子どもの貧困がもたらす社会的な負の影響は、大きく三つに分けられる。

　第１の問題は、子どもの学力や健全な発達に与える負の影響である。例えば、学力を例にとると、2010年代の全国学力調査の分析から、子どもの学力に対する家庭の社会・経済的背景の影響や、ひとり親世帯の子どもの相対的な学力の低さ、家庭でのかかわりや地域とのかかわりが学力に及ぼす影響等が明らかにされている[7]。このような学力面での格差は、問題の一側面にすぎない。貧困状態は、健康上の格差を生み出したり、学習意欲や進学率を抑制したりするなど、さまざまな問題を引き起こす要因となる。

　第２の問題は、子どもの貧困が、さまざまな経路を媒介して、成人期の貧困へとつながることである。この点に関して、阿部彩は、金銭や家庭環境、遺伝子、職業、健康、意識など、さまざまな「連鎖の経路」を介して、子どもの時期の貧困が成人期の貧困へとつながることを示している[8]。例えば、子どもの時期の貧困による教育の達成度（学歴）の低さは、非正規労働者となるリスクを高め、所得の低さを生み出すとされる。この経路以外にも、さまざまな要因が複雑に絡み合って、成人期の貧困へとつながっていく。

　第３の問題は、子どもの貧困が、個々の人生にだけでなく、社会的にも負の影響をもたらすことである。この点に関して、日本財団は、「子どもの貧困の社会的損失推計」つまり、子どもの貧困の社会的コストの試算を行っている。この試算によれば、子どもの教育格差を是正する改善シナリオでは、現在、貧困状態にある15歳の子ども約18万人の生活は、現状に比べて、生涯所得の合計額が2.9兆円、税・社会保障の純負担額が1.1兆円、正規職が9,000人増加すること

が明らかにされている。逆に、対象を 0 ～15歳に広げた子どもの貧困が現状の
まま放置されれば、結果として、40兆円以上の社会的コストが生じると推計され
ている[9]。

　このように、子どもの貧困問題は、親世代の格差や貧困を反映した世代間連
鎖の問題であり、その影響が子ども本人だけでなく、社会にも負の影響をもた
らす社会的な課題でもある。このため、格差の是正や、将来の社会的コストの
削減という観点から、親世代・子世代双方に対する社会的・経済的支援を行っ
ていくことが重要となる。

3．子どもの貧困対策法と子供の貧困対策大綱の策定

　冒頭に述べたように、2013年 6 月に、「子どもの貧困対策の推進に関する法
律」が公布され、翌年 1 月に施行された。第 1 条では、同法の目的として、「子
どもの将来がその生まれ育った環境によって左右されることのないよう、貧困
の状況にある子どもが健やかに育成される環境を整備するとともに、教育の機
会均等を図るため、子どもの貧困対策に関し、基本理念を定め、国等の責務を
明らかにし、及び子どもの貧困対策の基本となる事項を定めることにより、子
どもの貧困対策を総合的に推進すること」が掲げられている。

　この目的の実現に向けて、同法では、国と地方自治体に対して、四つの柱か
らなる子どもの貧困対策の実施を定めている。具体的には、①教育の支援：就
学の援助、学費の援助、学習の支援その他の貧困の状況にある子どもの教育に
関する支援のために必要な施策、②生活の支援：貧困の状況にある子ども及び
その保護者に対する生活に関する相談、貧困の状況にある子どもに対する社会
との交流の機会の提供その他の貧困の状況にある子どもの生活に関する支援の
ために必要な施策、③保護者に対する就労の支援：貧困の状況にある子どもの
保護者に対する職業訓練の実施及び就職のあっせんその他の貧困の状況にある
子どもの保護者の自立を図るための就労の支援に関し必要な施策、④経済的支
援：各種の手当等の支給、貸付金の貸付けその他の貧困の状況にある子どもに
対する経済的支援のために必要な施策、という四つの施策を講じるとされてい
る。

　この法律に基づき、2014年 8 月に「子供の貧困対策に関する大綱～全ての子
供たちが夢と希望を持って成長していける社会の実現を目指して～」（子供の

貧困対策大綱）が閣議決定された。この大綱は、「基本的な方針」「指標」「指標の改善に向けた当面の重点施策」「調査研究」「推進体制」から構成される。

このうち「基本的な方針」では、貧困の世代間連鎖の解消と積極的な人材育成、子どもに視点を置いた切れ目のない施策の実施、貧困の実態を踏まえた対策の推進等、10の基本方針が掲げられている。

「指標」に関しては、子どもの貧困に関する25の指標が掲げられている。具体的には、生活保護世帯の子どもの高校進学率と中退率および大学進学率や就職率、児童養護施設の子どもの進学率・就職率、ひとり親家庭の子どもの就園率や進学率、就職率、スクールソーシャルワーカーの配置人数およびスクールカウンセラーの配置率、就学援助制度の周知状況、奨学金の貸与率、ひとり親家庭の親の就業率、子どもの貧困率、子どもがいる現役世帯のうち大人が一人の貧困率といった指標が挙げられている[10]。

「指標の改善に向けた当面の重点施策」においては、子どもの貧困対策法で掲げられた4本の柱に沿って具体的な政策目標が列挙されている。「教育の支援」では、学校をプラットフォームとした総合的な子どもの貧困対策、教育費負担軽減、貧困の連鎖を防止する学習支援等が掲げられている。「生活の支援」では、保護者・子どもの生活支援、関係機関の連携による支援体制の整備、支援人員の確保等が挙げられている。一方、4本の柱のうち、「保護者に対する就労の支援」「経済的支援」に関する施策は、相対的に少なくなっている。

「推進体制」の中では、国や地方自治体の取り組みだけでなく、官公民の連携・協働プロジェクトの推進も掲げられている。これに該当するのが、「子供の未来応援国民運動」である。この運動については、2015年10月に情報ポータルサイトが開設された。このサイトでは、支援情報の検索や、団体の支援要請と企業の支援とのマッチング、全国のNPOの先進的な取り組み事例の検索が可能となっている[11]。

また、同運動の一環として、同じく10月に日本財団内に「子供の未来応援基金」が設置された。この基金から「未来応援ネットワーク事業」として、各地域で支援を行うNPO等に対する助成が行われている。2016年度は総額3億1,500万円が86団体に、2017年度は2億7,000万円が79団体に助成されている。助成を受けているのは、学習支援や自立支援、就労支援、多様な体験の機会の提供、居場所づくり等で先進的な取り組みを行っている民間団体である[12]。同

基金の管理は、2017年10月末に、独立行政法人福祉医療機構（WAM）へ移行された。

なお、「子供の貧困対策に関する大綱」は、策定後５年をめどに見直しを検討するとされている。この見直しに向けて、内閣府に「子供の貧困対策に関する有識者会議」が設置され、施策の実施状況や対策の効果等の検証・評価が行われている。

４．子どもの貧困に関する各省庁の取り組み

この法律や大綱を受けた、子どもの貧困に関する各省庁の取り組みの状況を見ていきたい。

まず、子どもの貧困対策法に基づき、総理大臣、内閣官房長官、内閣府特命担当大臣（子どもの貧困対策）、文部科学大臣、厚生労働大臣をメンバーとする「子どもの貧困対策会議」が設置された。この会議では、2015年12月に、「親とこどもたち一人ひとりのための『すくすくサポートプロジェクト』」（すべての子どもの安心と希望の実現プロジェクト）を策定した。これは、関係省庁が連携して、ひとり親家庭・多子世帯等の自立支援策や、児童虐待防止対策を効果的に行うための、一連の政策体系である。具体的には、①「ひとり親家庭・多子世帯等自立応援プロジェクト」として、自治体の窓口のワンストップ化、子どもの居場所づくりや学習支援の充実、親の資格取得の支援の充実、児童扶養手当の機能の充実、②「児童虐待防止対策強化プロジェクト」として、子育て世代包括支援センターの全国展開、児童相談所体制強化プラン（仮称）の策定、里親委託等の家庭的養護の推進、退所児童等のアフターケア等、が掲げられている(13)。

また、内閣府では、2015年度補正予算で、「子供の未来応援地域ネットワーク形成支援事業」（地域子供の未来応援交付金）を創設した。この事業は、地方自治体に対して、子供の発達・成長段階に応じて切れ目なく支援を「つなぎ」、教育と福祉を「つなぎ」、関係行政機関、地域の企業、NPO、自治会等を「つなぐ」、地域ネットワークの形成を支援することを目的としている。具体的には、①実態調査・資源量の把握や、支援体制の整備計画の策定に関しては４分の３の費用の補助、②コーディネーターの位置付けを含む連携体制の整備、③自治体独自の先行的なモデル事業については２分の１、費用の補助、を行うと

第４章　日本　147

されている。事業の実施状況を見ると、2015年度に24億円、2016年度に10億円が計上され、2016年度に79件、2017年度に148件が執行されている。事業の内訳としては、①の実態調査・資源量の把握の補助件数が多くなっている⁽¹⁴⁾。

このほかの子どもの貧困対策に関する事業の多くは、文部科学省と厚生労働省の所管となっている[15]。文部科学省は、前述の四つの柱のうち、「教育の支援」に関する事業を中心的に所管している。具体的な施策として、「学校をプラットフォームとした総合的な子供の貧困対策」では、貧困等に起因する学力課題の解消を目的とした教員の加配措置や、スクールソーシャルワーカー、スクールカウンセラーの配置拡充の施策を実施している。このほかに、地域未来塾や放課後子ども教室における学習支援や、外部人材を活用した教育支援等も関連する施策として挙げられている。また、「貧困の連鎖を防ぐための幼児教育の無償化の推進及び幼児教育の質の向上」として、保育料負担の軽減措置や幼児教育の質向上のための調査研究費等が、「就学支援の充実」として、要保護児童・生徒に対する就学援助や、高等学校における就学支援金の支給等が、「大学等進学に対する教育機会の提供」として、奨学金の充実や、授業料減免の施策等が実施されている。「生活困窮世帯等への学習支援」については、厚生労働省の所管の下、生活困窮世帯や児童養護施設等で暮らす子どもへの学習支援等が実施されている。

厚生労働省が所管する事業は、主に「生活の支援」「保護者に対する就労の支援」「経済的支援」に関するものである。このうち、「生活の支援」に関しては、生活困窮者等に対する自立支援策の枠組みの中で、自立に向けた相談事業や、関係機関が連携した支援の取り組み等が行われている。また、母子家庭等対策総合支援事業の中で、ひとり親世帯に対する総合的な相談窓口の設置や、日常生活支援・就労支援、ひとり親世帯の子どもに対する学習支援や食事の提供等の施策が実施されている。このほか、待機児童の解消のための基盤整備や、支援に当たる人員の確保や資質向上の事業も実施されている。また「保護者に対する就労の支援」としては、ひとり親世帯や生活困窮者、生活保護受給者への就労支援が行われている。さらに「経済的支援」として児童扶養手当の支給等が、主に同省の所管事業として実施されている。

5．子どもの貧困に関する政策の課題

　ここまで見てきたような国レベルの取り組みは、子どもの貧困に関する地方自治体や民間団体の取り組みを広げ、その水準を向上させるという点で、一定の役割を果たしていくものと考えられる。

　しかし、課題も少なくない。例えば、教育支援や生活支援に比して、保護者の就労支援や経済的支援に関する取り組みが手薄である点、どの政策的取り組みが子どもの貧困を改善することに資するか、政策の効果を計るための指標の開発や測定の方法の検討が不十分である点、そもそも貧困を生み出す社会的要因の除去に関する配慮が不足している点、が挙げられる。

　その一方で、政策に先行して、地方自治体独自の事業や、民間レベルでの優れた取り組みが進められていることは注目に値する。県レベルの優れた取り組みとして、埼玉県では2010年より「生活保護受給者チャレンジ支援事業」（通称：アスポート）を実施しており、この一環で都道府県として初めて、貧困家庭に関する教育支援事業に取り組んでいる。この事業は、教員OB等の教育支援員を福祉事務所に派遣し、生活保護世帯の全中学校３年生に対する家庭訪問を実施、希望者には支援員や大学生のボランティアが１対１で勉強を教える学習教室を開くというものである。2013年には高校生にも対象を広げ、2015年度からは生活困窮家庭の中学生も対象となっている。この運営は、一般社団法人「彩の国子ども・若者支援ネットワーク」が担っており、県内50カ所以上で学習教室が開かれている[16]。2015年に施行された生活困窮者自立支援法に基づく学習支援事業は全国的に徐々に増加傾向にあるが、この取り組みはその先駆けとして位置付けられる。

　沖縄県では、2016年１月に、都道府県で初めてとなる子どもの貧困に関する独自調査を実施した。この調査により、子どもの貧困率が全国の平均値を大きく上回る約30％という深刻な水準にあることが明らかになった。この結果を受けて、同県では、沖縄県子どもの貧困対策計画の策定や、沖縄県子どもの貧困対策推進基金の創設、沖縄子どもの未来県民会議の設置等の対策を打ち出している[17]。現在、子どもの貧困対策法に基づき、都道府県や政令市において、子どもの貧困対策計画の策定が進められているが、沖縄県の動きは、子どもの貧困に関する綿密な実態調査と政策立案にいち早く取り組んだ点で、模範になる事例である。

このほかに民間レベルでも、子ども食堂に関する取り組みが大きな広がりを見せていたり、学習支援、生活支援、体験活動の提供を一体的に進めたり、子どもの非認知能力をはぐくむためのプログラム開発や場の整備を進めるなどの例が見られるようになってきている。このような各地の先進的な取り組みの要素を抽出し、政策や事業へと反映していくことが、政策の水準を高める上では、重要になる。さらに、子どもの貧困問題に関する対策をより効果的なものとしていくためには、定量的・定性的評価に基づく有効な対策の可視化や絞り込み、あるいは官民の枠を超えた情報共有と各地域の実情に応じた連携体制の構築といった取り組みが求められることになるだろう。

荻野　亮吾

注：
（1）　小西祐馬「乳幼児期の貧困と保育：保育所の可能性を考える」秋田喜代美・小西祐馬・菅原ますみ編『貧困と保育：社会と福祉につなぎ、希望をつむぐ』かもがわ出版、2016年、30 - 31頁。
（2）　厚生労働省『平成28年 国民生活基礎調査の概況』URL：http://www.mhlw.go.jp/ toukei/ saikin/hw/k-tyosa/k-tyosa16/index.html
（3）　同上。
（4）　湯澤直美「子育て世帯にみる労働と貧困」松本伊智朗他編『子どもの貧困ハンドブック』かもがわ出版、2016年、49頁。
（5）　内閣府『平成26年版 子ども・若者白書』2014年、30頁。
（6）　「相対的所得ギャップ」とは、所得階層の下位10％の子どもが属する世帯所得と、所得階層中位の世帯所得とがどれだけ離れているかを表す指標である。ユニセフ・イノチェンティ研究所「イノチェンティ レポートカード13 子どもたちのための公平性：先進諸国における子どもたちの幸福度の格差に関する順位表」2016年、4頁。URL：https://www. unicef.or.jp/library/pdf/ labo_rc13j.pdf
（7）　耳塚寛明他『平成25年度 全国学力・学習状況調査（きめ細かい調査）の結果を活用した学力に影響を与える要因分析に関する調査研究』2014年。
　　　URL：https://www.nier.go.jp/13chousakekka houkoku/kannren_chousa/pdf/hogosha_ factorial_experiment.pdf
（8）　阿部彩『子どもの貧困Ⅱ：解決策を考える』岩波新書、2014年、2章。
（9）　日本財団 子どもの貧困対策チーム『徹底調査 子供の貧困が日本を滅ぼす：社会的損失40兆円の衝撃』文春新書、2016年。
（10）　この指標に関しては、貧困の程度が著しく高い子どもに関する指標が多いこと、教育関係の指標が多く子どもの日常生活の改善に関する指標が見られないこと、貧困の継続性や社会的・文化的経験の剥奪に関する指標が存在しないこと、貧困削減の改善目標が明示されていないこと等が問題として指摘されている。中嶋哲彦「子供の貧困対策法」松本伊智

朗他編、前掲、90頁。また、2015年7月には、子どもの貧困指標検討チームにより「子どもの貧困指標：研究者からの提案」という代替案が示されている。同案は、以下のウェブページより参照できる。URL：https://www.hinkonstat.net/archive-1/

(11)「子供の未来応援国民運動」については、以下のウェブページを参照のこと。URL：https://www.kodomohinkon.go.jp

(12) 子供の未来応援国民運動推進事務局「子供の未来応援基金 第2回未来応援ネットワーク事業 採択結果について」2018年1月を参照した。URL：http://www8.cao.go.jp/kodomonohinkon/kikin/pdf/net_kekka2.pdf

(13) この政策については、「すべての子どもの安心と希望の実現プロジェクト」を参照した。URL：http://www8.cao.go.jp/kodomonohinkon/ kaigi/k_4/pdf/s1.pdf

(14) この政策については、「地方公共団体の取組支援（地域子供の未来応援交付金）について」を参照した。URL：http://www8.cao.go.jp/kodomonohinkon/yuushikisya/k_4/pdf/s4.pdf

(15) 文部科学省と厚生労働省の政策の概要は、「子供の貧困対策に関する主な施策について（平成30年度概算要求）」を参照した。URL：http:// www8.cao.go.jp/kodomonohinkon/yuushikisya/k_5/pdf/ref1.pdf

(16)「アスポート」事業については、「一般社団法人彩の国子ども・若者支援ネットワーク」のウェブページを参照した。URL：http://www. kodomoshiennet-asuport.com/

(17) 沖縄子ども総合研究所編『沖縄子どもの貧困白書』かもがわ出版、2017年。

＊ウェブページの最終閲覧日は、2018年2月28日である。
＊本稿では、基本は「子ども」の表記を用い、法律や政策文書で用いられている場合のみ「子供」の表記とした。

日 本
事例1

日本財団「子どもサポートプロジェクト」

1．プロジェクトの背景と目的

　日本財団では、2015年4月に、国が推進する官公民の連携・協働プロジェクト「子供の未来応援国民運動」の事務局となったことを契機として、子どもの貧困に関する調査研究等を開始した。すでに同財団では、社会的養護の取り組みや、難病児・不登校児の支援、奨学金事業など、社会的に不利な環境にある子どもに対してさまざまな事業を実施していた。このため、2016年5月に上記の調査研究を踏まえ、新たに立ち上げた「子どもの貧困対策プロジェクト」（以下、本プロジェクト）について公表する際に、先行する事業も含んで「子どもサポートプロジェクト」という統一の名称を冠することにした。

　財団内の子どもの貧困対策チーム（以下、対策チーム）が本プロジェクトに取り組んだ背景には、子どもの貧困に対する従来の支援方法に課題を感じたことがある。確かに、子どもの貧困に関する法律や大綱が策定され、先進的な自治体における大規模な実態調査や、子どもの貧困対策計画の策定が進んだ。しかし、支援の時期は中学校から高校にかけて、その内容は学習支援や子ども食堂など特定の領域に集中する傾向が見られた。これに加えて、各施策に対する客観的な評価や、有効な施策を同定する試みが行われず、包括的な支援施策が展開されていない課題も存在した。

　このような背景の下、対策チームでは、子どもの貧困問題に対する本当に有効な対策や、その対策に必要なコストや対策の成果について、客観的なデータに基づく検証を行い、モデル性の高い事業を行うことで、国や自治体の政策を改善していくことを本プロジェクトの目的とした。

2．国内外の先進事例の調査

　本プロジェクトを始めるに当たり、対策チームは、2015〜2016年にかけ、国

内外の民間団体や研究機関に対して、必要な支援や具体的なアプローチについて聞き取り調査を行った。

国内の民間団体については、学習支援や子ども食堂、居場所づくり、自立援助ホームなどの先進的事例に対する視察や聞き取りを行った。海外の事例では、貧困世帯の児童への早期介入の有効性を示すものとして、アメリカのペリー就学前計画（Perry Preschool Study）に関する文献調査や、シカゴハイツ幼児センター（Chicago Heights Early Childhood Center）の取り組みに関する聞き取りを実施した。さらに、科学的根拠（エビデンス）に基づく政策設計の先進的事例として、イギリスの早期介入財団（Early Intervention Foundation）や、教育基金財団（Education Endowment Foundation）への聞き取りを行った[1]。

3．子どもの貧困の社会的損失の分析

次に、子どもの貧困に関する社会的関心を高めることを目的に、2015年12月に「子どもの貧困の社会的損失推計」を発表した[2]。このレポートでは、貧困世帯の子どもの進学率や中退率などを現状のままにした「現状放置シナリオ」と、子どもの教育格差を是正する「改善シナリオ」のそれぞれについて、現在、貧困状態にある15歳の子ども約18万人の生涯所得額や、税・社会保障の純負担額などの推計を行っている。これによれば、「改善シナリオ」では、現状に比べて生涯所得の合計額が2.9兆円、税・社会保障の純負担額が1.1兆円、正規職が9,000人増加するとされている。

この推計対象を0〜15歳の子ども全員に広げると、現状を放置した場合、40兆円以上の社会的コストが生じると予測された。これは、日本のGDPの約1割に該当する巨額の損失を示す。このレポートには、政策策定者などを中心に、少なからぬ反響があった。

4．子どもの学力・非認知能力の分析

さらに、子どもの貧困に対して、どの時期にどのような支援が有効かについて、客観的なデータに基づく検証にも着手した。これによる最初のレポートとして、大阪府箕面市よりデータの提供を受けた、「家庭の経済格差と子どもの認知・非認知能力格差の関係分析」を2018年1月に公表した[3]。

通常の社会調査は、一時点のデータを分析することが多いため、子どもの時

間的な変化を測定できず、因果関係を明確にできないという課題を持つ。この分析では、箕面市の全面的な協力を得て、市内在住の０〜18歳の子ども約２万5,000人に関して、生活保護・就学援助などの行政情報や、学童保育やスクールソーシャルワーカーの利用などの教育施策情報、学力や生活習慣などの情報を統合し、一人一人について追跡可能にしたデータを活用している。

　分析の結果、貧困を背景とした学力や非認知能力の格差の存在や、格差が生じる時期などが明らかにされている。ここには、低学年時の早期の支援や非認知能力の涵養の必要性、政策の効果を分析するための環境やデータの整備といった政策的含意が示されている。

５．「第三の居場所」のモデル事業

　現在、対策チームでは、子どもの貧困に対する有効な対策を検証するために、「家でも学校でもない第三の居場所」というモデル事業を展開している[4]。2016年５月に、事業の概要を(株)ベネッセホールディングスと共同発表し、同年11月に第１号拠点を埼玉県戸田市に開設した。2017年７月には広島県尾道市、同年10月に大阪府箕面市、2018年２月に宮崎県宮崎市に新たな拠点を開設している。この後、５年間に100カ所程度の拠点を開設する予定である。

　「第三の居場所」の開設に当たっては、財団が研究者・企業・民間団体と協力し、拠点の開設および３年間の運営に関する資金提供、検証方法の設計、各拠点で提供するプログラムの策定、スタッフ向けの研修プログラムの提供などを行っている。拠点の運営は、財団の助成を受けたNPO法人や社会福祉協議会、一般社団法人などが担っている。貧困世帯への家庭訪問などのアウトリーチや、拠点の効果検証に必要なデータの整備に関しては、各自治体の子ども家庭課、福祉課、教育委員会などの関係部局が協力している。

　自治体内での拠点の設置区域は、生活保護受給率やひとり親家庭の割合などに基づき、スペースや費用などの条件を勘案して選んでいる。拠点の利用料金は、世帯所得による応能負担としており、裕福でない世帯の子どもでも通いやすい料金設定となっている。

　埼玉県戸田市に開設された第１号拠点は、NPO法人Learning for Allが運営団体となっている。このNPO法人は、経済的な理由などで教育機会に恵まれない子どもを対象に、大学生ボランティアによる無料の学習支援を行っており、

広島県尾道市内の拠点の様子

拠点でに食事作りの体験なども実施される

学習支援員として大学生を育成する際の研修方法に定評がある。この特徴を生かし、戸田市の拠点にもスタッフ4〜5人と、ボランティア数人程度を配置している。なお、スタッフの人数や年齢、経験、資格については、拠点により違いがあり、保育士や臨床心理士、社会福祉士の有資格者が配置される拠点も存在する。

拠点のプログラムは、スタッフとの1対1の信頼関係の中で、子どもの自己肯定感をはぐくむことや、基本的な生活習慣や非認知能力を身に付けさせることを重視している。この目標の下、子どもの読解力や表現力を高めるためのベネッセグリムスクールや、非認知能力を高めるライオンズクエスト（Lions Quest, ライフスキル教育プログラム）などのプログラムを試行している。また、拠点のスタッフ向けには、前向き子育てプログラムのトリプルピー（Triple P, Positive Parenting Program）を試験的に導入している。さらに、各拠点の環境整備の妥当性の評価として、学齢期のケアの環境評価尺度（School-Age Care Environment Rating Scale）の導入を検討している。

各拠点の効果検証については、参加する子どものデータを継続的に取得し、学力調査や生活習慣調査と関連付けた分析を行うことを想定している。また、早期に開設した拠点において、子どもへの支援方法や拠点運営に関するマニュアルを作成し、新たな担い手を育てるための研修を実施して、拠点全体の水準の維持や質の向上につなげる予定である。

6．本プロジェクトの特徴

　本プロジェクトの特徴は、①子どもの貧困の社会的影響や、施策や事業の有効性に関して、客観的なデータに基づいた検証を精緻に行っている点、②その結果、明らかになった有効な支援の方法を、国や自治体の政策へと反映していこうとする点、にある。

　①については、海外の研究枠組みを援用して、子どもの貧困の社会的損失に関する分析や、子どもの学力や非認知能力に関する経時的なデータの分析を行っている。これらの分析結果は、エビデンスに基づいた政策設計を進める上で、重要な基礎データとなる。

　②については、先進的なプログラムを取り入れた拠点事業を展開することで、政策のモデルとなるような優れた取り組みを蓄積しつつある。

　これらの取り組みが、国や各自治体の施策へと実際に反映されることで、貧困に苦しむ子どもたちへの早期の働きかけが実現し、より効果の高い政策が優先的に選択されるなど、子どもの貧困対策がさらに深まりを見せることが期待される。

荻野　亮吾

注：
（1）日本財団 子どもの貧困対策チーム『徹底調査 子供の貧困が日本を滅ぼす：社会的損失40兆円の衝撃』文春新書、2016年、5〜6章にその成果がまとめられている。
（2）日本財団・三菱UFJリサーチ＆コンサルティング「子供の貧困の社会的損失推計レポート」2015年12月、全54頁。
　URL：https://www.nippon-founda tion.or.jp/news/articles/2015/img/ 71/1.pdf
（3）日本財団「家庭の経済格差と子どもの認知・非認知能力格差の関係分析：2.5万人のビッグデータから見えてきたもの」2018年1月、全109頁。
　URL：https://www.nippon-founda tion.or.jp/what/projects/ending_ child_poverty/img/5.pdf
（4）日本財団「子どもの貧困対策プロジェクト報告資料」2016年6月。
　URL：http://www8.cao.go.jp/ kodomonohinkon/iinkai/k_1/pdf/ ref7.pdf

<基本情報>
日本財団子どもの貧困対策チーム
所在地：〒107-8404 東京都港区赤坂1-2-2 日本財団ビル
URL：https://www.nippon-foundation.or.jp/what/projects/ending_child_poverty/

日 本
事例**2**

彩の国子ども・若者支援ネットワーク

1．埼玉県における生活保護受給者チャレンジ支援事業

　2010年度、埼玉県では福祉事務所やケースワーカーへのヒアリング調査を基に、「教育・就労・住宅」という３本の柱を立て、生活保護世帯への総合的な自立支援を行う「生活保護受給者チャレンジ支援事業」を立ち上げた。この事業は、「明日への港（明日・ポート）」と「明日へのサポート」という二つの意味で「アスポート」事業と称される。

　この事業では、教育・就労・住宅のそれぞれの分野における専門知識を持つ支援員を110人以上採用した。事業を進めるに当たっては、教員や学生OBで構成される社団法人や、就労支援を行うNPO、社会福祉士の職能団体といった民間団体に事業を委託している。県内の福祉事務所から各民間団体に提供される情報に基づき、支援員が家庭訪問を行うなど、対象者に寄り添った支援を行っていることが特徴である。

　３本の柱のうち、就労支援を行う「職業訓練支援員事業」では、働くことが可能な生活保護世帯に、民間企業での勤務経験を持つ支援員が訪問し、職業訓練から再就職までを一貫して支援している。また、住宅支援を行う「住宅ソーシャルワーク事業」では、家を失い、無料低額宿泊所などを利用している生活保護受給者に対して、民間のアパートへの転居を促し、安定した生活が送れるよう、生きがいづくりや健康維持の支援を行ってきた。教育支援事業は、この二つの取り組みと並ぶ３本目の柱である。

2．彩の国子ども・若者支援ネットワークの設立

　彩の国子ども・若者支援ネットワーク（以下、この法人）は、この教育支援事業を実施する主体として、2010年７月に設立された一般社団法人である。法人の設立の目的は「貧困の連鎖を断ち切る」ことにあり、アスポート事業の中

の教育支援事業や、生活困窮者自立支援法に基づく学習支援事業を受託してきた。2017年現在、埼玉県内の24市23町村で、小学生から高校生を対象にした家庭訪問や学習支援事業を行っている。

　教育支援事業が始められる前より、ケースワーカーの間では、「貧困の連鎖」という課題が共有されていた。これは、生活保護世帯で育った子どもが、家庭背景の影響による学力や学習意欲の低さのために高校に進学できなかったり、不登校や引きこもりになる場合が多くなり、結果として就職や自立ができず、再び生活保護に陥る状況を指す。実際、アスポート事業が始められる前の生活保護世帯の子どもの全日制高校への進学率は約68％で、定時制・通信制高校を含めても87％だった。これらの割合は、全国平均でそれぞれ92〜93％、98〜99％となっており、生活保護世帯との間には大きな開きがあった。このような貧困ゆえの低学力の改善や、高校進学率の向上、そして不登校や引きこもり問題の解決が取り組みの目標となった。

　法人の設立に当たっては、子どもの貧困問題に関心を持ち学習会を開催してきた、小・中・高校の教員や、弁護士、ケースワーカー、児童相談所の職員の間のネットワークが基盤となった。

3．学習支援事業の内容

　この法人が行う特徴的な取り組みが、ソーシャルワークの手法を用いた、生活困窮世帯への家庭訪問である。この家庭訪問の目的は、保護者や子どもと面談を行うことで、学習や生活に関する不安や悩みを解決していくことである。生活保護世帯などを対象に無料学習教室を開く場合、保護者の関心の低さや、子どもの学習意欲の低さが障壁になり、教室に通う子どもが一部に限られてしまう問題がある。そこで、学習支援を行う前に、生活困窮世帯の保護者や子どもに対して、学習支援員が家庭訪問を行うことにした。

　生活保護世帯に関しては、埼玉県および各市の福祉事務所の情報を基に、ケースワーカーが事前に同意を得た世帯に学習支援員が訪問を行っている。就学援助世帯に関しては、教育委員会が間に入る形をとっている。法人の専任職員である学習支援員は、県内7カ所の事務所に70人程度が勤務しており、1人につきおおむね10〜15世帯の家庭訪問を行っている。精神疾患や暴力やネグレクトなど深刻な問題を抱えている世帯に対しては、児童相談所などの関係機関と

も連携して対応している。

　この法人が行うもう一つの取り組みが、特別養護老人ホームや公民館などの施設を活用した、無料学習教室の開催である。学習教室の運営は専任の学習支援員が担当し、出席チェック、会場づくり、教材作成、ボランティアの配置などを担っている。実際に子どもたちを教えるのは、学習指導員と、大学生を中心としたボランティアスタッフであり、定期テスト対策や苦手科目の克服、基礎学力の定着、そして高校入試対策を目的とした個別指導を行っている。子どもたちが分からないことを素直に「分からない」と言いやすい雰囲気をつくり、安心して通える居場所にすることを心がけている。

2010年度当初、学習教室は、中学生を対象にした県内5カ所だったが、その後、支援の対象を広げ、2013年度からは、高校生を対象にした学習教室を開催することになった。これは、家庭訪問と学習支援を丹念に行った結果、生活保護世帯の中学生の高校進学率が大きく上昇した

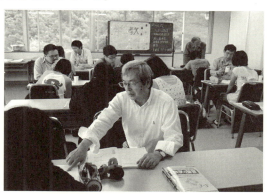

学習教室ではマンツーマンで指導を行う

ため、進学後の中退を防ぐための学習支援や生活支援が必要になったことを背景にしている。また、2015年度に生活困窮者自立支援法が成立したことを契機に、生活保護世帯だけでなく、就学援助世帯や、ひとり親で収入が少ない世帯なども対象とすることになった。これに伴い、学習教室の数も大きく増え、教室への参加者数も1,000人を大きく上回ることになった（**図表1参照**）。

　学習支援員は、家庭訪問だけでなく、学習教室の運営も担当する専任職員であり、元学校教職員や児童相談所、若年者・障害者支援施設、学童保育などでの勤務経験を持つ人で構成されている。また、学習教室開催時のみに勤務して勉強を教える学習指導員（その多くは元教員）が120人おり、さらにボランティアスタッフとして、数十人の社会人のほか、連携する大学の協力により多数の大学生が参加している。大学生ボランティアとして、2016年度は580人、2017年度は670人が活動している。

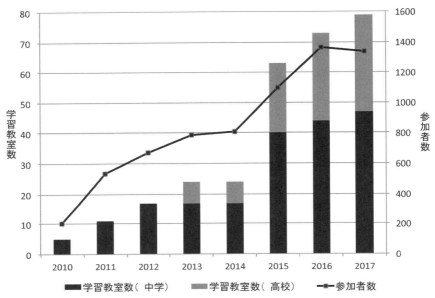

図表1　学習教室数・参加者数の推移

出所：「一般社団法人 彩の国子ども・若者支援ネットワーク」のウェブページ掲載の情報を参考に、筆者作成

　これ以外に、中学生や高校生を対象にして、就労意欲や進路選択の力を高めるための取り組みも行っている。中学生に対する就労体験合宿や、高校生の通所型の就労体験がこの例である。この取り組みの目的は、生活困窮世帯の子どもにとって、幼少期から欠落しがちなさまざまな体験を積ませていくことにある。

4．子どもへの向き合い方

　これらの取り組みに共通するのは、子どもたちと1対1でかかわる時間をできる限り多くするという考え方である。生活困窮世帯の子どもは、幼少期から会話をしたり、気遣ってくれたり、関係を持つ大人の数が極端に少ない傾向がある。このため、学習支援員は、入学式や高校の説明会などのあらゆる機会に子どもと接する時間をできるだけ増やすようにしている。支援の内容は、家出への対応や、引越しの手伝い、フードバンクと連携した食事支援など多岐にわたり、学習支援員は支援する世帯に対して全生活的なかかわりを持つことにな

る。

　学習支援員が生活に深く入り込む中で、子どもたちが学校に出かけて行くには、身だしなみを整えること、宿題を終えていること、「気を付けて行ってらっしゃい」と暖かく送り出してくれる大人がいること、きちんと朝食をとれること、の四つの要素が重要であるという経験知が共有されるようになった。このため、無料学習教室で学習支援を行うだけでなく、時には学習支援員が食事の支援や朝の声かけを行うことで、子どもたちが学校に通えるための最低限の準備を整えるように心がけている。この意味で、学習支援員の活動は「登校準備支援」と称されることもある。

5．取り組みの成果と今後の展望

　これらの取り組みの成果の一つとして、生活保護世帯の子どもの高校進学率の上昇が挙げられる。事業開始前は87％だった進学率が、2016年度時点で98％にまで上昇している。これ以外に、**図表1**に示したように、学習支援を行う教室数や参加者数も年々増加を見せている。家庭訪問世帯の数は、2016年度時点で中学生1,100世帯となっており、家庭訪問回数は約7,000回にも上る。このような地道な働きかけにより、生活困窮世帯の子どもたちの不登校・引きこもりの状況の改善や、学力の向上という成果も見られる。

　今後は、より早期からの働きかけを進めていく予定である。支援を行う中で、小学校段階の比較的早い時期に、学力の差が生じ始めることに気が付いたからである。この考えの下、2018年度より、埼玉県内の6市町をモデルに、生活困窮世帯の小学校3〜6年生を対象とした「ジュニア・アスポート事業」に取り組み始めた。事業内容は週3日程度、地域の空き店舗などを利用し、宿題や生活習慣の指導、さまざまな体験機会の提供、そして食事の提供を通じた「食育」を行うものである。委託を受けたこの法人がコーディネーター役になり、各地域の社会福祉協議会や子ども食堂と連携し、支援を行う体制づくりを進める予定である。

6．取り組みの特徴

　埼玉県における取り組みの特徴は3点にまとめられる。第1に、アスポート事業全体の特徴として、生活困窮世帯に対し、教育・就労・住宅の3本の柱を

第4章　日本　161

立て、専門の支援員による丹念なアウトリーチの活動を行ってきたことである。生活困窮世帯の生活に寄り添い、当事者の抱える課題やニーズを詳細に把握した上で、課題解決につながる支援を行っていくアプローチが参考になる。

　第2に、事業の広げ方である。当初は生活保護世帯の中学生のみを対象にしていたが、その後、生活困窮世帯や、高校生や小学生にも徐々に取り組みの幅を広げてきた。このように、可能な支援から始めながら、取り組みの中で見えてきた課題の解決に向け一歩ずつ進めていく着実な姿勢に学ぶところも非常に大きい。

　第3に、ネットワークを生かして、県内全域での取り組みを行っていることである。まず、子どもの貧困問題に関心を持つ教職員のネットワークを基盤とした取り組みを始め、その後、近隣の大学と連携して多数の大学生ボランティアの参加を実現し、結果として埼玉県内の多くの市町村で、1対1の無料学習支援を行うことが可能になっている。このようなネットワークの築き方も大いに参照されるべきである。

荻野　亮吾

【参考文献・URL】

埼玉県アスポート編集委員会編『生活保護200万人時代の処方箋：埼玉県の挑戦』ぎょうせい、2012年。

「一般社団法人 彩の国子ども・若者支援ネットワーク」
　（URL：http://www.kodomoshiennet-asuport.com/index.html）

湯浅 誠「入試の季節 貧困の子どもたちの進学を支える教員OBたちの先駆的取組 埼玉県アスポート学習支援事業」
　（URL：https://news.yahoo.co.jp/byline/yuasamakoto/20170228-00067776/）

＜基本情報＞

一般社団法人 彩の国子ども・若者支援ネットワーク
所在地：〒330-0063 埼玉県さいたま市浦和区高砂3-7-2 タニグチビル2Ｆ
URL：https://kodomoshiennet-asuport.net/

日 本

事例3

True Colors

1. True Colorsとは

　True Colorsは、色覚弱者への理解と認識を深めるための啓発を行い、色覚バリアフリーの環境づくりを目指す大阪に本部を置く非営利活動法人である。True Colorsとは、直訳すれば「本当の色」という意味である。この団体名は、人それぞれ色の見え方が違う中で、一つの真実の色を追求するのではなく、多くの人が理解できる「当てはまる色」を考えるという意味で名付けられた。

　なぜこのような活動を始めたのか。代表の高橋紀子氏は、広告業界に勤務し、パンフレットやポスターの制作に長らく従事してきた。色はみんな同じに見えると思い制作指示を出していたが、色覚補正レンズで「生まれて初めて見た…色」と涙する人々に遭遇したことに衝撃を受け、「知った限りは啓発活動をしなければ！」とNPOを立ち上げたという。現在では、「色の見え方で悩む子どもたちのサポートルーム作りたい」「多数派の子どもたちも少数派の子どもたちも、色の見え方が違って当たり前という文化を育てたい」という強い思い、そして「子どもが変われば文化は変わる、差別はなくなる」という考えから、学校を中心に研修や体験活動を行っている。会員は40人。このほか、学校の先生などの「True Colors 応援団」と称する人々が随時事業に協力している。

　さて、ここで言う色覚弱者とはどういう人々であろうか。

　色覚弱者は、一部の色が判別できない。これは遺伝的に受け継がれるものである。ここで男性や女性といった性別を規定する性染色体を考えてみよう。性染色体にはX染色体とY染色体がある。X染色体とY染色体があると男性に、X染色体を2本持つと女性になる。色覚異常の遺伝子はこのうちX染色体に存在する。この遺伝子があるX染色体とY染色体を持つ男性は色覚異常を発現し、このX染色体と正常のX染色体を持つ女性は色覚異常を発現しない。しかし、遺伝的には保因者ということになる。

第4章　日本　163

このような色覚弱者の数は、公益社団法人日本眼科医協会によれば、男性の5％（20人に1人）、女性の0.2％（500人に1人）、その遺伝子の保因者は女性の10％（10人に1人）とされる。このことは、男女半々の40人クラスで言えば、男性の1人が色覚弱者、女性の2人が保因者となる。つまり色覚弱者とは、ものの見え方において絶対的な少数派ということなのだ。

愛知工科大学情報メディア科加藤研究室のプロジェクションマッピング

　色覚弱者の人々は、それぞれ状況が異なるものの、その多くは、赤やピンクなどの濃淡が見にくい、紫と青などの同系色が識別しにくいなど、分かりにくい色の組み合わせがあると言われる。例えば、実生活では、「桜の花は白い」「信号の赤と緑、赤と黄色が分かりにくい」「パソコンで色指定ができない」「薄い色の伝票の見分けができない」などの不便さがある。色覚についての状況はさまざまであるが、近視と同様、正しく状態を理解さえすれば対応することが可能であり、多くは生活上不便なく過ごすことができる。

　このような色覚の状況はどのようにして分かるのか。

　皆さんは色覚検査を受けた経験があるであろうか。色覚検査は、かつては小学校の健康診断で義務づけられていたが、「差別につながる」との声を受けて2003年度から義務ではなくなり、必要に応じて自治体が実施することになった。そのため、現在では色覚検査は多くの自治体では実施されていない。また、厚生労働省は2001年、民間企業による雇用時の検査として色覚検査を原則撤廃しており、鉄道の運転士、消防士、パイロットなどの一部職種を除き、大部分の職業での採用制限はなくなってきている。

　このように色覚検査が廃止されて10年以上たち、社会において「色覚異常」として過度に意識化されず色覚弱者が精神的に過ごしやすくなったとされる一方で、色覚検査を受けずに育った子どもたちが成人し就職の時期を迎え、そこで初めて色覚特性を知る場合も出てきた。例えば、美容師志望の者が「ヘアカ

ラーの色が分りにくい」など、実際に色を認識ができないことで仕事上不都合が生じることもある。文部科学省は2014年度に、児童・生徒らが自身の色覚の特性を知らないまま不利益を受けることのないよう、保健調査に色覚に関する項目を新たに追加するなど、より積極的に保護者らへの周知を図る必要があることを通知している。

２．具体的活動

このような状況の中で、True Colorsは、色覚についての正しい知識を持ってもらうための啓発活動と、色覚補正レンズや逆特性レンズ（色覚異常疑似体験レンズ）による体験活動を通じ、カラーバリアフリー社会を目指す活動を行っている。この目的のため、具体的には次のような事業を行っている。

（１）色覚についての啓発活動

人それぞれが異なるように、目に映る色の見え方や感じ方も人によって異なる。色覚について、色が見える仕組み、色の見え方の違いなどを図解したり色に溢れたポスターなどを展示し「自分と違う色の見え方をしたら色はどう変わる？」という体験型イベントを実施している。「自分が見えている色は実は不思議なもの」をテーマに、「フシギの色の国のアリスちゃん」というアニメーションを作成し、興味を持って子どもたちが理解できるような教材づくりもしている。また、色覚検査がなくなったことにより、色覚についての正確な知識を伝達する機会が減少していることもあり、養護教諭研修会、学校保健会、あるいは学校や特別支援教育専攻のある大学などでの研修・講演を積極的に行っている。

小学校６年生の出前授業（「フシギの色の国のアリスちゃん」DVD使用）

（２）色覚補正レンズ、逆特性レンズの体験研修会

色覚弱者の人々の見え方、そして、多くの人々の見え方が分かる特殊なレンズを開発し、人々に体験してもらう機会を提供している。例えば、一般色覚者である色覚多数者には逆特性レンズを、色覚弱者である色覚少数者には一般色

補正レンズを体験してもらい、お互いの理解を深めてもらう体験会を行っている。色覚弱者は、この色覚補正レンズにより多数の人が感じる色覚を体験することができる。この体験会で多数の人々が見える色を体感でき、感動する人も多いという。

色覚補正レンズ

3．カラーユニバーサル活動への支援

　色覚多数者にとっては、色のバリアフリーということは、あまり意識することがなかった世界かもしれない。考えてみれば、どのような人も生きていく上で、それぞれ何らかの不便さや課題を持っている。近視もその一つであり、眼鏡という矯正器具を用いることで正確に物が見えるようになる。つまり、課題となる不便さを克服し得る工夫が重要なのである。そして同時に、少数者を「異常」といった言葉で切り捨てるのではなく、個性として受け入れる社会的な認識の変化が必要とさ

True Colors作成教材。福井大学医学部付属眼科色覚異常専門外来で配布されている。

れるということであろう。このような社会の風潮を受けて、日本遺伝学会は、「色覚異常」の用語を「色覚多様性」に変更することを決め、教育現場にも反映させるよう求める要望書を文部科学省に提出している。

　True Colorsは、色覚というものに焦点を当て、色の見え方はそれぞれ違うという概念の普及と色覚少数派の人と色覚多数派の人が共存できるカラーバリアフリーな社会の実現に尽力してきた。このような活動が認められ、第11回大阪商工信金社会貢献賞地域貢献の部を受賞し、社会的にもその活動は、高く評価されている。

　さらに、この非営利活動法人のユニークなところは、逆特性レンズを用いて体験研修を行う一方で、色覚特性に応じたレンズの開発にも協力していること

である。このようなレンズの開発が進み普及すれば、「色覚異常」は近視と同様、矯正可能なものと認識が変わり、色覚弱者の社会での不便さは一挙に解消されるであろう。

　このように、True Colorsは、啓発活動とともに産業化によって対策も提示するという点で、色覚に関するユニバーサルデザイン活動を包括的に支援する、小さくてもユニークな非営利活動団体である。

　社会にはさまざまな困難を抱える少数派の人々がいる。身体に障がいを有する人々、精神的な辛さを感じる人々、LGBTなどの性的少数派…。そして、このようなさまざまな特性を個性として受け入れ、すべての人がその人らしく生きることが可能な共生社会が、現在、唱えられるに至っている。

　アメリカ西海岸バークレーを訪問したときには、車椅子の人々が社会に溶け込んで暮らしている姿を目の当たりにした。このような共生社会がわが国でも自然なかたちで実現されることが、本当の意味での社会の豊さであると感じる。True Colorsはそのような未来に向けた布石のため、ささやかながらも一歩先を行く実践を行っている。

岩崎　久美子

<基本情報>
特定非営利活動法人True Colors
所在地：〒541-0056 大阪市中央区久太郎町4-2-10 大西ビル302号
URL：http://www.truecolors.jp/

日本
事例4

チャイルド・リソース・センター

1. チャイルド・リソース・センターとは

　チャイルド・リソース・センター(以下、CRC)は、虐待を行ってしまう、あるいは子育てへの不安を抱える親への支援を行っている大阪にある団体である。主に大阪府の子ども家庭センター、堺市の子ども相談所などからの委託事業による予算で運営されており、スタッフは、社会福祉士等の資格を持つ者8人である。

　団体のミッションは、「子どもの安心の基地になる」ために、親子を支え、見守ることにある。主な支援対象は、施設入所中の子どもとその親であり、児童相談所、施設職員と共に親と子の関係づくりをし、虐待の再発を防止する支援を行う。プログラムを提供する親子は年間18組程度。これまで255人の親子を扱った。特に困難な状況にある親子を集中的に支援し虐待の再発を防ぎ、虐待の世代間の連鎖を断ち切ることを目指している。

　代表の宮口智恵氏は、かつて児童相談所の児童福祉司であった。2000年に「児童虐待の防止等に関する法律」(児童虐待防止法)が施行され、通告によって児童相談所の介入が可能になると、虐待が多く報告されるようになった。児童相談所は、子どもを引き離し保護する一方で、親の相談に乗るという矛盾した二面性を有し、宮口氏は、そのはざまで悩むことが多かった。そして、そこで出会う虐待する親たちが、生活上のストレス、孤立、不適切な養育を受けてきた過去、ハンディキャップなどのさまざまな困難を抱えていることを目の当たりにし、虐待の再発を防ぎ、家族を再構築するためには、適切で継続的な支援が必要であると強く感じるようになった。

　そのような中で、宮口氏は、カナダで家族再統合プログラムを視察する機会を得る。

　カナダでは、「子どもに関する国家指針」(National Children's Agenda)が策

定されており、行政、民間団体、地域が一体となって、子どもの人生の基礎となる乳幼児期の充実した成長・発達への支援が行われている。そのため、この子どもに関する国家指針に基づき、よく機能する家族の育成という視点から、ブリティッシュ・コロンビア州の「子どもと家族

チャイルド・リソース・センターのホームページ

開発省」（Ministry of Children and Family Development, 以下、MCFD）では、虐待に関する通告を受理、調査したのち、親に必要な支援プログラムを選択して提供している。カナダでは、非営利団体による虐待再発防止のための支援プログラムがさまざまに存在するのであるが、その中で、宮口氏は、パシフィックセンターという非営利団体が提供している虐待再発防止プログラム「プロジェクト・ペアレント」に出合う。

プロジェクト・ペアレントは、親の行動変容や子育てへの自信回復による親子関係の再構築といった目的のため、家族、MCFD、そしてパシフィックセンターの三者が協働し目標を設定し、親子の相互交流の場と時間を提供し、その場でアプローチする手法をとる。プログラムは週に2回、期間は8カ月となっている。宮口氏は、カナダでのプロジェクト・ペアレントの視察後、このプログラムの発想を日本へ導入することを考えるようになった。

宮口氏は、その後、児童相談所を辞職、カナダで視察したプロジェクト・ペアレントを範とした親子プログラムの開発・普及のため、CRCの設立に至る。

2．CRC親子プログラムふぁり

CRCは、「親」と「子」がつながるために親子関係を再構築し、親の適切な養育モデルを提供することを目的とする。その結果、開発されたのが、現在の「CRC親子プログラムふぁり」である。

CRC親子プログラムふぁりは、三つの観点に立つ。第1にバイオグラフィー

の視点による子どもの理解、第2にアタッチメント理論による関係性の理解、そして第3にソーシャルワークによる社会の中での実践、である。

（1）バイオグラフィー

　バイオグラフィーとは、親自身の人生の軌跡を、現在、過去、未来の三つの時点で振り返ってもらい、親子のこれまでの関係を理解し、親子のリソースを見いだし、支援に生かすことである。ここでのリソースとは、「本人の内なる力や可能性」と考えられている。現在の時点での振り返りでは、目の前の「生」を尊重し、親子の体験を共有、成長過程での視点で現在を見ることになる。過去の時点での振り返りでは、人とのかかわりを思いだすことでリソースを探り、自分の子ども時代の学びから親から引き継ぎたいもの、引き継ぎたくないものに気づく。辛く切ない幼少期の思い出の中にも良い出会いはある。それに気づくことが重要である。そして、未来の時点での振り返りでは、今後、自分がどうありたいのか、子どもに何ができるのかを考える。

　バイオグラフィーでは、語ることによって、過去を整理・容認し、未来についての行動に希望を持つことになる。「初めて自分の話をよく聞いてもらえた」と述懐する親もいる。語るという行為から、本人の気づきや内省を促すのである。

（2）アタッチメント

　アタッチメント理論による関係性の理解に基づき、子どもの欲求に気づくよう、子どもの観察と理解を促し、養育への内省を共に行う。親の不安や恐れを理解し親の安心の基地を探り、親に寄り添い支え、親の役割、子どもの観察、養育への内省を親に働きかける。そして、理解を共有し連続性ある支援を目指し、親と子をつなげる、ということに主眼が置かれている。

（3）ソーシャルワーク

　親のニーズを引き出し、また、親子の現状を把握し、彼らの代弁者となる。ソーシャルワークとは、本人が問題を解決していくために、本人と環境の仲立ちをし、本人とそれを取り巻く環境が機能するよう働きかけることである。家族、知人、施設職員、児童福祉司、保育士、教員、保健師、医師などさまざまな

人との関係性の中で、親子関係、家族が良い方向に変容するための支援が行われる。

3．CRC親子プログラムふぁりの対象

　CRC親子プログラムふぁりの対象は、子どもに虐待してしまう、子育てに辛さや不安を抱えている親である。プログラムに参加する親は、精神疾患やハンディキャップがある者が半分以上を占める。また、その8割は乳児院、児童養護施設、養育里親家庭などに、身体的虐待、心理的虐待、ネグレクト、養育困難などの理由で入所中の乳幼児から小学校低学年の子どもである。

　CRCは、この親子プログラムを児童相談所からの1年の委託契約で実施している。親は担当児童福祉司からプログラムを紹介される。

　自分が大変なときに支援してくれる特定の存在がいるかどうか、そしてその存在として中立的な機関がかかわってくれるかどうかが虐待防止の鍵である。親には「大変だよね」といった寄り添いを行うようにしている。

　CRC親子プログラムふぁりは、全12回、事前面接とプログラム全10回とフォローアップからなる。1カ月2回、同じ曜日に実施する。場所は、児童相談所や乳児院である。

　プログラムは親時間と親子交流時間からなる。親時間では、自分の親の子育て、自分の子ども時代のリソースを知り、親の役割に気づき、虐待行為に関する内省をする。また、親子交流時間では、親子とスタッフが、自由遊び、散歩、クッキングなどで交流し、また、親が自分自身を振り返りながら、子どもとの具体的なかかわりを学ぶ。

　プログラムは1年で終わるが、その後、支援の連続性を担保する場を設けている。児童相談所からの委託ではなく独自に年に2回、CRC親子プログラムふぁりを受けた親子に対し「ほっと・いっぷくの会」というフォローアップの会を開催している。手紙に返信はがきをつけ、プロ

ほっと・いっぷくの会

グラム修了者に参加を促す。このフォローアップの会について、プログラム参加者は、「この前のフォローアップの（お知らせの）手紙、あれすごいタイミングで来たなと思った。しんどいときで……。あれがあったから、フォローアップの日まで頑張れたと思う。誰かが自分のことを気にかけてくれているって……それがすごいよかった」と記している。

4．社会からの孤立を防ぐために

　CRCでは、虐待をする親の課題に向き合い、その語りから親の気づきを促す。

　虐待を行う親は、子どもへの接し方が分からないため、子どもと一緒にいて楽しくなく、自分だけで精一杯で子どもに関心が持てず共感性が育っていないことが多い。

　親から「あのとき、児童相談所が子どもを保護してくれたおかげで、子どもを殺さずにすんだ」など、気持ちの変化を聞くことがあるという。児童相談所や施設からは、親の意識が変化したかと常に期待されるが、親の意識は簡単に変わることはない。その人がどうあったのか、なにに困っているのかを深く理解できることが重要であり、支援者側が本人とつながっていないと、親の痛みに気づくことや共感することができない。共感によって初めて親も変容するのである。

　子どもの安心基地をつくるためには、行政、地域、保育所・幼稚園・学校でビジョンを共有し、親の痛みを理解することが重要となる。

　CRCでは、児童相談所や施設の職員と親との間の関係づくりも併せて行っている。親と信頼関係を持てるようになり、話し合いの中から親の抱えている課題やニーズを明らかにできると、解決の糸口が分かることがある。実際には同じ目標を持つことができず、問題の解決が難しい場合には支援者と親の間で対立が起こる場合もある。子どもを

10周年記念雑誌等

中心に共通のビジョン、良い協働関係を持つべく、支援者間の学びの機会を設けている。

　子どもを虐待し加害者になったときに、その親は顔を公にされ中傷から立ち直れなかったり、地域に残ることが困難になる場合がある。事件が起きると虐待行為だけがフォーカスされ報道されることも多く、親の置かれた困難な状況や深刻さに社会は気づこうとしない。このような虐待にかかわる事件が表に出るたびに自分とは異なる世界のことと考えがちである。しかし、核家族における子育てでは、子どもと親がむき出しの関係性に置かれる。その中で、親が身体的・心理的に困難を抱えストレスでいっぱいになった場合、子どもの不安を受け止める余裕がなく、子どもに対して適切な養育態度をとることは難しくなるであろう。このことは程度の差はあれ、誰にでも起こり得ることではないだろうか。

　虐待とは、親の個人的事情とともに、親が困難を抱えること、そしてその状況に対応できていない社会の問題でもある。CRCは、このような親子に対し、社会から孤立することなく家族を再構築するよう働きかけている。

　虐待は、親の悲鳴が社会で無視されることで生じる悲しい結末であることが多い。そのような悲劇を起こさせないため、CRCのような地道で真摯な働きかけが、行政との連携で、そして行政の隙間を埋めるために実施されていることに、混沌とした社会におけるささやかな希望を感じた。

岩崎　久美子

【参考文献】
宮口智恵／河合克子『虐待する親への支援と家族再統合』明石書店、2015年。

＜基本情報＞
特定非営利活動法人 チャイルド・リソース・センター
所在地：〒553-0003 大阪市福島区福島8-10-14
URL：http://childrc.kids.coocan.jp/

エデュケーションエーキューブ

1. 取り組みの背景と目的

　エデュケーションエーキューブ（以下、この法人）は、2013年8月から福岡市で取り組みを始めた、認定NPO法人である。

　この法人代表の草場勇一氏は、急成長する企業に対して積極的な投資を行うベンチャーキャピタルに勤めていた。しかし、東日本大震災を契機として、より直接社会に貢献できる仕事に取り組みたいと考えるようになり、東京から生まれ育った福岡に帰り、この法人の設立に至った。ビジネスの世界での経験は、ICTを活用した教育事業という発想や、法人の設立・運営につながるネットワーク、そしてさまざまな業種との連携という形で生かされている。

　この法人のミッションは、"Anyone can be Anything!"（誰もが何でもなれる社会を目指して）である。この標語が示すのは、実際に子どもたちが望むもの何にでもなれるわけではないにせよ、やりたいことに向けて挑戦でき、努力すれば目標に近づくことができるような、健全な社会をつくりたいという想いである。

　この法人の取り組みの目標として掲げられているのが、子どもたちの社会的な自立である。ここには、経済的自立と精神的自立という二つの意味が込められている。経済的自立とは「稼げる力」のことであり、きちんと職に就き収入を得る力と、その収入を適切に使いこなせる力の双方を指している。また、精神的自立とは、コミュニケーション能力と主体性を指す。この子どもたちの社会的自立に向けて、この法人では、初期段階の成果、中期段階の成果、そして現在の活動を逆算して考えるロジックモデルを策定した上で、取り組みを進めている。

2.「スタディプレイス」事業

　この法人の取り組みを代表するのが、「スタディプレイス」という自主事業で

ある。「スタディプレイス」は、eラーニング教材を活用した個別指導の取り組みを指す。取り組みのヒントになったのは、動画サイトのYou Tube上で、無料で教育系コンテンツを配信するカーンアカデミーである。この非営利団体の活動から、ICTを活用することで、一定品質の教育サービスを効率的に低料金で提供できるのではないかという発想に至った。

「スタディプレイス」に通う生徒は、eラーニング教材を用いて学習を進め、分からない部分が出てきた際に、大学生のチューターに質問する。eラーニングでは、NPO法人eboardや、(株)すららネットなどの既存の教材を活用している。これらの教材では、生徒の学習履歴を閲覧できるため、どの問題が解け、どこを間違えたかを把握することができるメリットがある。なお、eラーニングには運用面の難しさもあるため、一定のノウハウの蓄積が必要であるとされる。

個別指導の料金は、一般的な学習塾と比較すると、2分の1から3分の1程度の低料金に抑えられている。特徴的なのは、寄付に基づく特別奨学制度を導入していることである。具体的には、ひとり親世帯に対して、授業料の50〜70％を奨学金として免除している。このため、中学校3年生でも月額1万円程度でこの教室に通える。教室に通う生徒の数は、第2期は15人（このうち奨学制度利用者が7人）、第3期は17人（同じく9人）、第4期は26人（同じく8人）となっている。

教室には、指導のために、常時、大学生チューターを1人置く形にしており、現在7〜8人が生徒のサポートに当たっている。大学生の募集にあたり、当初は、子どもの貧困問題や教育に関心のある大学内の団体に協力を求めていた。現在では、友人や知人の紹介が多く、口コミでネットワークが広がっている。チューターに対する研修は、生徒への学習指導や受験指導の方法が中心である。

eラーニングや大学生の指導で学習する個別指導塾の生徒の様子

第4章 日本　175

3．福岡市「子どもの学びと居場所づくり」事業の受託

　自主事業に加えて、この法人では、2015年8月より、福岡市保健福祉局の委託を受け、「子どもの学びと居場所づくり」事業に取り組んでいる。この事業は、生活保護世帯・就学援助世帯など、生活困窮世帯の中学校2・3年生を対象に学習支援を行うものである。

　学習支援は、週2回、1回2時間程度、福岡市内の市民センターで約20人程度を対象に実施している。指導は、大学生1人が生徒2人を教える、1対2の個別指導方式で行われる。この場に通う生徒の状況については、中学校の教員との間に、独自のネットワークを築き、情報交換も行っている。この事業の成果として、子どもたちが進学を志し、より上の高校や大学を目指すようになったことが挙げられる。実際に、2015年、2016年共に中学校3年生全員が高校に進学する実績を挙げている。

4．自立性をはぐくむプログラム

　これらの事業とは別に、生徒の自立性をはぐくむためのプログラムも実施している。これを代表するのが、プログラミング教室である。プログラミングの教材については、この法人の取り組みの趣旨に賛同した、学習塾の(株)全教研より廉価で提供を受けており、月2回5,000円で教室を開いている。なお、上記の特別奨学制度が適用された場合は、2,500円で受講可能である。

　これとは別に、さまざまな企業の協力により、新たな学習の機会を提供している。その例として、①(株)第一生命が開発したライフサイクルゲームによるライフイベントの学習、②(株)レノボ・ジャパンの社員の協力による、プログラミングの授業やキャリア教育の実施、③(株)GAP Japanと提携した、フリーマーケットの場での広報や接客の学習、④(株)ビッグツ

プログラミングを学ぶフリースクールの様子

リーとの連携によるディスカッションの学習、などが挙げられる。

5．拠点の創出とフリースクール事業

　さらに、2016年度、2017年度と2年続けて、内閣府「子供の未来応援基金」の支援事業に採択されたことをきっかけに、恒常的に活動を行うための拠点を開設している。拠点設置の際には、代表のネットワークを生かして、リノベーションの専門家に相談し、古い物件を大きな資金をかけずに改装した。拠点に通うことが、「貧しさ」という社会的偏見につながらないよう、子どもたちの居場所として洗練された雰囲気をつくることも心がけた。

　この拠点を活用して、2017年9月より、フリースクール事業を開始した。開始してすぐに、教育委員会からの認可も受けたため、不登校の子どもは、この場に通うことで学校への出席扱いになっている。また、学校管理職や不登校担当の教員からの信頼も得ており、学校の代わりに通える場として紹介されることも少なくない。

　2018年5月現在、フリースクールには小・中学生6人、高校生4人が通っている。高校生に関しては、通信制高校の八洲学園大学国際高等学校と提携し、低料金で学べる仕組みを整えており、この場に通うことによって高校卒業資格を取得できる。また、フリースクールに通う子どもの中から、学校に復帰する例も出てきているが、学校に戻った後も個別指導塾に通ってもらうことで、継続的にサポートを続けられる点も強みである。

6．取り組みの特徴

　この法人の取り組みの特徴は、2点にまとめられる。第1に、eラーニングを活用した個別学習の機会の提供である。現在、「子どもの貧困」対策の一つとして、各地で無料の学習支援が広まってきているが、学習機会はまだ十分でなく、多様な主体がかかわることによる教育水準の維持という点でも課題を有する。この点において、一定品質の教育サービスを効率的に低料金で提供する、この取り組みのコンセプトは大いに参照されるべきである。

　第2に、行政や企業など、多様な主体との連携である。代表が築いてきた人脈を生かして、さまざまな企業と連携することで、eラーニングやプログラミング教室など、先進的な取り組みを低料金で提供し、自立性をはぐくむさまざ

第4章　日本　177

まな学習機会を提供することが可能となっている。また、学習支援事業や、フリースクール事業において、教育委員会や学校教員との間に信頼関係を構築している点も見逃せない。

7．今後の取り組みの展望

　今後の取り組みの展望として、三つのことが挙げられている。第1に、より多様な連携を進めることである。この法人では、取り組みを進める中で、「子どもの貧困」と一口に言っても、貧困の層は幅広く、グラデーションがあることに気付いたという。行政では支援しにくいグレーゾーンの層を支援できる点に、自らの取り組みの特徴を見いだす一方で、将来的には行政や他の団体との緊密な連携が必要であるとも考えている。このことは、この法人の代表が重視する、Collective Impact（共通の目標の下、複数の組織が連携・協働し、社会的課題を解決すること）の実現にもつながる。

　第2に、学習拠点の新しいモデルを構築することである。拠点を設けたことで、24時間365日、自らの裁量でスペースを使うことが可能となっており、将来的には、複合型の学習拠点への展開を目指している。具体的には、小学生に対してはフリースクールとアフタースクールを、中学生にはフリースクールと学習塾を、高校生には通信制教育とAO入試支援を組み合わせた形で、学習拠点を作ることを構想している。さらに、このようなモデルを他の地区にも展開し、多拠点化していきたいという考えもある。その際には、ｅラーニングなどを活用し、少ないスタッフでも無理なく運営できるモデルを構築していくことが重要だと考えている。

　第3に、取り組みの成果を定量的な形で示していくことである。この法人では、設立当初から、社会的インパクト評価の考え方に基づくロジックモデルを策定しているが、取り組みの成果を社会に発信していくために、定量的に測定可能な項目に落とし込む作業が重要であると考えている。

荻野　亮吾

<基本情報>
認定特定非営利活動法人エデュケーションエーキューブ
所在地：〒819-0043 福岡県福岡市西区野方1-19-33
URL：http://education-a3.net/

日本 事例6 子どもデザイン教室

1．子どもデザイン教室とは

　子どもデザイン教室は、児童養護施設、里親委託、母子生活支援施設（以下、施設）の子どもたちを対象に無料（一般家庭は有料）でデザイン教室を実施し、子どもたち自らが商品を企画・制作・販売するという経験を通じて、「自分デザイナー」として、自分の人生をデザインし、将来をより良いものにする力を育成していくことを目的としている。

　インタビューを行った団体代表理事の和田隆博氏は、2007年に団体を設立し、2010年にNPO法人として活動を深化させている。和田氏はグラフィックデザイナーとして成功されていたが、病気で入院をしたことをきっかけに、教育に興味を持つようになったという。

　高校生にマーケティングデザインを教えていたが、もっと小さいうちから教えるべきという思いになった時に、近所に児童養護施設があり、その子どもたちとのかかわりの中で、長期的アタッチメント（愛着）により変わっていく姿を見て、施設の子どもたちを中心とした活動を考えるようになったとのことである。

　日本全体では約4万5,000人の子どもたちが施設で過ごしており、施設の子どもたちの約6割に虐待経験がある。里親は全国で約4,000世帯で、約18％しかカバーできていない。

　また、施設の子どもたちの大学・専修学校進学率は約23％

木の温もりが感じられるアットホームな空間。心地よく過ごせる場所になっている

（一般家庭は約74％）しかなく、入学しても続かずに辞めてしまうこともあり、そのような子どもたちは職業選択の幅が限られている。施設出身の子どもたちは、家族や学校、職場といった場からの社会的排除を受けている存在であり、「どうして生まれてきたのだろう」と考えるなど自己肯定感が低い状況にある。

　これに課題意識を持った和田氏は、子どもたちに自ら学ぼうとする力、明日をより良くする力、心に灯る消えない炎を持ってもらいたいという強い思いから、子どもデザイン教室を主宰し、子どもたちに小さいころから伴走することで、社会的養護児童が将来、自分で人生設計ができるように、現在の制度でまかないきれていないところを支援している。

　和田氏自身もこれまで12人の子どもの養育里親となっており、現在はファミリーホームを運営する中で4人の子どもと暮らし、大学を卒業するまで育てることとしている。

２．取り組みの内容

　子どもデザイン教室では「遊び×学びレッスン」として、年代別に系統立てて以下のレッスンを行っている。子どもたちがこれらのレッスンで困難な課題に挑戦し、問題を解決する方法を学ぶことで、自信をつけていっている様子が見られるという。和田氏の構想では、子どもデザイン教室でレッスンを受けて巣立った若者が、子どもデザイン教室のスタッフとなり、さらに次の世代の子どもたちを育てていくような拠点となることを描いており、次世代につながっていく場として意識している。

（１）造形工作レッスン（年少〜小学校低学年）

　お絵かきやもの作りを通して、デザインの基礎となる創作する喜びを体験し、自分の考えを絵や文字で伝える力の育成を行う。

子どもたちがデザインしたキャラクターやアクセサリーが並んでいる

180

（2）グッズデザインレッスン（小学生・中学生）

　子どもデザイン教室でメインとなる活動。キャラクターを考えて商品にして販売し、子どもたちの貯金につなげている。

（3）デザイン国語研究レッスン（中学生・高校生）

　聞き、話す力のレッスンとし

人生デザインレッスンの様子（写真提供：子どもデザイン教室）

て、大阪府立大学との共同研究でカリキュラムの開発を行い実施している。施設の子どもたちは、学力に課題のある場合も多く、例えば絵本のプレゼンテーションや自分たちの意見を言い合ってディベートしたりするなど、遊び感覚のレッスンにより、論理的に聞き、話す力を育成する場を設けている。

（4）人生デザインレッスン（高校生・大学生）

　子どもデザイン教室でアルバイトとインターンをしながら、社会人や先輩から成功談・失敗談を聞いたり、人生デザインの講義を受けたりすることで、ビジネスマナーやコンピュータスキルを身に付け、自分の将来を設計する力を育成することを狙いとしている。

　これらのレッスンは、のべ3,305人を対象とし、年間325回158日行っている（2017年実績）。2017年には、子ども102人を対象としており、31人は親と暮らせない施設（約8カ所から）の子どもたちで、あと71人は近隣の一般家庭の子どもたちである。また、スタッフは7～8人、支援者は135人となっている。

3．学力の向上への支援と今後の取り組み

　将来の困難を解決するためには与えられた知識を鵜呑みにするのではなく、自ら学ぼうとする力が必要となってくる。子どもデザイン教室では、デザイン国語研究レッスンが好評なことから、今後は、「デザイン理数」や市民性を養う「デザイン社会」など、基礎学力を遊び感覚で会得するレッスンの開発と実施も

検討しているという。

4．企業と連携した取り組み

　子どもデザイン教室では、子どもたちの学習や自立を支えるために、子どもデザイン基金事業を実施している。これは、企業・団体と協働して、親と暮らせない子どもたちの自立資金と学習資金を創出し、一部はレッスンの運営費としても活用するものである。また、企業の協力を得て施設の子どもたちの支援を行っている。具体例としては、セレッソ大阪の試合会場で、似顔絵うちわを販売し、それらの収益を施設に寄付するなどの活動をしている。ほかにも、京阪神でラーメン店「まこと屋」を展開するマコトフードサービスと連携して施設を回り、ラーメンの提供と似顔絵の展示を行っている。

　また、昨年度は2日間各2時間の販売会で約22万円の売り上げをあげることができた。このことは子どもたちの「人に認めてもらえた。自分たちはできる。商品を作って売ること（ビジネス）はおもしろい」といった自信につながった。

　子どもデザイン教室の取り組みは、2013年ごろからテレビ・新聞などメディアにも取り上げられ、支援する企業も大阪ガス、551蓬莱など約10社に上っている。

子どもたちはイラストレーターやフォトショップなどの専門的なソフトを使っている（写真提供：子どもデザイン教室）

5．おわりに

　教育支援を行うNPOの中でも、施設の子どもたちを主な対象にした団体は、少ないのではないだろうか。施設の子どもたちは公的な支援を受けているものの、アタッチメントの形成や大学進学率など課題も多い。奨学金の充実の議論の中で一部注目されるようになったが、社会的にはその課題はあまり認識されていない。そうした困っている子どもたちの課題を見つけ出し、さまざまな企業などからの協力も得ながら、子どもたちと長期的にかかわり支援する仕組みを構築された和田氏の熱意と行動力は、子どもたちの自立を支え、大きな希望

を与えているだろう。このようなNPOの取り組みが公的な支援システムの見直しにつながっていくのではないだろうか。さらに、NPOが行政や企業ともつながりながら、公的支援を補完的・重層的にするような形で、社会的な支援を広げる役割を担っていくことで、子どもたちのセーフティネットが広がっていくということをあらためて実感した。

須原　愛記

<基本情報>
特定非営利活動法人子どもデザイン教室
所在地：〒546-0035 大阪府大阪市東住吉区山坂4-5-1
URL：http://www.c0d0e.com/

日本 事例**7**	# おおさかこども多文化センター

1．多文化共生センター大阪と海外にルーツを持つ子どもたち

　多文化共生センター大阪は1995年に、阪神・淡路大震災における被災外国人支援を契機として、「国籍・言語・文化や性などのちがいを認め尊重し合う『多文化共生社会』の実現」を目指して設立された。外国人を対象とした漢字教室や母子の生活支援、外国にルーツを持つ子どもたちへの学習支援等を行ってきた。なお、多文化共生センター大阪は活動内容が専門分化してきたことから2018年3月に発展的に解消し、本稿で紹介する学習支援は、NPO法人おおさかこども多文化センターにて事業継承している。

　お話を伺った坪内好子氏は、大阪市の公立中学校で海外にルーツを持つ子どもたちへの日本語・適応指導担当教員として勤務されていた。大阪市内では小・中学校各4校（2018年度から各5校）が、「帰国した子どもの教育センター校」（以下、センター校）として、通級の形式で日本語の指導を行う体制がとられ、年間約500人（平成28年度）が指導を受けている。この制度が始まった当時は、中国等から引き揚げてきた児童・生徒らを主に対象としていた。大阪市内の小・中学生で日本語指導を受けている子どもは1997年ごろには約170人程度であったが、平成29年度現在では600人以上となっており、その国籍や民族は多様化している。

　坪内氏はセンター校での勤務を行っている中で、卒業した子どもたちの、高校に入ってからの勉強も分からないので教えてほしいという切実な声を聞き、日曜日に教えるようになったことがNPOでの活動のきっかけになっているという。

　大阪府内の公立高校では、外国にルーツを持つ子どもたちのうち小学校4年生以前に来日した子どもたちは、特別枠で受験をすることができず、一般の入試を受けることとなるが、そのような子どもたちへのサポートは少ない。坪内

氏は「高校進学率が98％という状況の中で、外国にルーツを持つ子どもたちも高校に進学し、卒業してほしい」と話すが、現状では高校受験で合格することや、入学しても卒業するということが厳しい子どもたちが多くいる。

2．たぶんかじゅく

　多文化共生センター大阪では、外国にルーツを持つ子どもたちのために「たぶんか進学塾」を大阪市淀川区で実施してきた（2018年4月以降はおおさかこども多文化センターが「たぶんかじゅく」として西区で事業継続）。月謝は1教科1万2,000円であるが、2013年の12月から始まった大阪市の塾代助成（1万円の補助）を活用している。坪内氏のインタビューを行った西淀川区のブラジルレストランは、この「たぶんかじゅく」の出張所として、会場を借りている。西淀川区には南米出身の子どもが多くなっている。

　「たぶんかじゅく」では、子どもに担当者を付けて、マンツーマンや少人数での指導を行っており、第1期生から第4期生までは、全員高校に合格して進学しているという成果を挙げている。また、子どもの勉強だけでなく、保護者の相談も受けているという。活動を続けていく中で、地域の人が関心を持つようになってきている。

3．サタディクラス

　サタディクラスは、週に1回、外国にルーツを持つ子どもたちの居場所づくりと学習支援を目的として実施している。行政からの運営資金は出ておらず、参加費（1人当たり2,000円／年）と寄付金により運営している。サタディクラスでは主に学校の宿題に取り組み、カリキュラムはなく、もっと勉強したいという子どもたちは、「たぶんかじゅく」で学んでいる。初期のサタディクラスに参加していた子どもたちは30歳ぐらいになっており、就職している人に話をしてもらう機会などを設けている。

4．学校や地域とのつながり

　「たぶんかじゅく」には、センター校の教員に紹介されて通うようになる子どもたちもいる。また、塾の指導者として、教員OBや塾講師などが協力している。区役所の職員にも関心を持ってくれている人がいるなど、地域の人材とつ

ながりながら活動を実施している。地域住民に対しては、お祭りを開催して参加してもらうことで、活動を理解してもらう機会を設けている。

他団体とのつながりでは、大阪市内で外国にルーツを持つ子どもへの日本語教室を実施する団体と、高校受験について、情報交換をする機会を設けている。また、企業とは、富士ゼロックスの社会貢献活動として空手教室を実施してもらったり、大阪ガスから助成金をもらったりするなどの連携が進んでいる。

5．外国にルーツを持つ子どもたちへの支援の課題

外国にルーツを持つ子どもたちへの教育支援は、本来、公教育でシステムを整備すべき問題であるが、まだまだ不十分であるという。坪内氏は大人であれば困っていることを訴えることができるが、子どもたちはできないことを指摘している。その足りない部分を補完する機能をNPOが担っているが、子どもたちに寄り添いきめ細かな支援を行うためには、予算や体制が十分でないと感じている。子どもたちの思いがあれば進学が可能となるわけではなく、子どもたちが当たり前に進学できるような環境整備と、そのための場が必要だと考えている。

外国にルーツを持つ子どもたちの課題は、一般社会に伝わりにくい。NPOや行政でも支援の機会を増やしているが、子どもたちの状況は大きく改善されていない。外国にルーツを持つ子どもの家庭は、子どもたちに良い教育を受けさせたいという思いはあるものの、経済的に課題のある場合もあり、家の手伝いなどで十分な学習の時間が確保できないという背景もある。

また、外国にルーツを持つ子どもたちとその保護者は、日本文化を十分に理解できていないため、必要な情報を得づらい状況にある。また、情報を伝えたくても言葉の問題もあり、きちんと伝わらない。高校受験などは情報が重要であるが、例えば塾の仕組みなども理解してもらうことが難しい。そのため、大人向けの教室を実施したこともあるという。

６．所見

　外国にルーツを持つ子どもたちの支援は、教育現場でも近年課題として認識されているが、国や地方の制度として十分ではない。フランスなどでは海外からの移民が貧困問題として顕在化している。外国にルーツを持つ子どもたちの課題は、学校教育の段階から支援をしていかなければ、雇用の問題などに拡大する。

　しかし、地域社会の課題として、住民に広く認識されるには至っていない状況もある。外国にルーツを持つ子どもたちに多くの地域の人がかかわり、子どもを通じて家庭と地域とのつながりが強くなり、相互の理解を進めることができるような場を設けていくことが重要であるとあらためて感じた。グローバル化が一層進むことが予想されている中、外国にルーツを持つ子どもたちの支援の体制をどう構築していくか、大きな戦略が必要だろう。

須原　愛記

\<基本情報\>
特定非営利活動法人おおさかこども多文化センター
所在地：〒550-0005 大阪市西区西本町1-7-7 CE西本町ビル８階
URL：http://okctac.org/

| 日 本 |
| 事例**8** |

豊島子どもWAKUWAKUネットワーク

1．団体の概要

　豊島子どもWAKUWAKUネットワーク（以下、WAKUWAKU）は、「地域の子どもを地域で見守り育てる」ことをコンセプトに、東京都豊島区を中心に活動しているNPO法人である。

　WAKUWAKUは、2012年6月に活動を始め、2013年8月にNPO法人格を取得した。活動のきっかけは、豊島区に住む主婦であった栗林知絵子氏が、自らの子育てを機に地域のボランティア活動に参加し、貧困世帯の子どもたちに接したことにある。地域には、不登校や虐待、外国籍、障がいなど、さまざまな困難を抱えた子どもたちが住んでおり、その子どもたちを地域全体で支えようと、栗林氏が地元の住民に呼びかけ、団体が発足した。

　今や日本全国に広がる「子ども食堂」であるが、この活動に先駆的に取り組んだのが、この団体である。食の支援だけでなく、遊び・学び・暮らしという三つの側面から子どもの成育環境を包括的にとらえ、幅広く支援を行っている。また、子どもに対する支援だけでなく、保護者に対する積極的な支援を行っていることも特徴である。

2．「遊び」に関する支援

　「遊び」に関する支援として、池袋本町公園の一角で「プレーパーク」を実施している。プレーパークは「冒険遊び場」とも呼ばれ、子どもが遊ぶ環境を守るために市民が行政に要望を出し、行政と協働して行う市民活動を指す。1943年にデンマークで始まり、日本国内では1975年の東京都世田谷区における取り組みをきっかけに活動が広まった。現在、日本全国270カ所以上で実施されている。

　プレーパークでは「自分の責任で自由に遊ぶ」をモットーに、異年齢の集団

188

で、失敗も含めて子どもがやりたいと思ったことを自由に実現する遊び場づくりを行っている。既存の遊具は置かず、土や水、木、火といった自然の素材を用いて遊び道具を手作りすることが特徴である。池袋本町公園におけるプレーパークは2003年に始まり、毎週水曜〜日曜の週5日、10〜17時まで開園している。2013年までは豊島区の補助事業であったが、2014年11月にWAKUWAKUに事業委託された。

プレーパークにはプレーリーダーと呼ばれる大人が配置されている。プレーリーダーは「遊びの指導者」ではなく、子どもが本気で遊ぶことができる環境をつくる手助けをする役割を持つ。また、子どもの視点に立ち、子どもの気持ちを代弁するほか、近隣の人たちとのパイプ役も務める。このプレーリーダーには、豊島区近隣に住む社会人や大学生がボランティアで参加している。

池袋本町公園のプレーパークの様子

3．「学び」に関する支援

「学び」に関する支援として、無料学習支援と、入学応援給付金の給付を行っている。無料学習支援は2013年から、公営の施設を拠点に実施している。学習支援の担い手は大学生と地域住民である。学校の勉強の支援に限らず、外国籍の子どもに対する日本語教室や、ハロウィーンやクリスマスにミニイベントを開催するなど、学生や地域住民とのかかわりを通じて、子どもの自尊感情をはぐくむことを重視している。子どもを通じて保護者とつながり、生活支援へとつなげていくことも目的の一つである。

また2017年から、進学に必要な資金援助を行う「WAKUWAKU入学応援給付金」制度を始めた。所得が低い世帯に対して、義務教育段階では就学援助制度があるが、その後は公的支援がないため、経済的理由で子どもが進学をあきらめるケースが少なくない。この給付金制度では、高校入学に必要となる制服や学用品等にかかる費用として、1世帯に4万円を給付することとしている。中学校や教育委員会、行政と連携し、中学3年生の全生徒を対象にチラシを配

布することで支援が必要な世帯の把握に努めており、初年度は51世帯に支援を行った。今後は、この活動をきっかけに高校段階での支援につなげていくことも視野に入れている。

4．「暮らし」に関する支援

「暮らし」に関する支援として、①子ども食堂、②夜の児童館、③ホームスタート・わくわく、④WAKUWAKUホーム、といった取り組みを行っている。

①の子ども食堂は、2013年3月の豊島区要町における取り組みを端緒として、現在では区内4カ所で運営している。それぞれの食堂は、月に2回、夕食の時間に活動しており、子どもは無料（もしくは100円）、同伴者300円の参加費で、栄養バランスの良い夕食を食べることができる。食物アレルギーに配慮したメニューを提供するほか、子どもたちが日本の食文化や風習を理解できるように、節分やひな祭りなど季節の行事がある月にはイベントメニューを取り入れている。また、有機野菜農場から送られる余剰野菜を活用するなど、化学調味料や添加物を使わない食材を使用している。この食堂で食事づくりを担うのは、大学生から80歳までの幅広い年齢層のボランティアである。また食堂の広報やイベント支援は、プロボノにより専門家であるエンジニアが参加している。

子ども食堂の様子

②の夜の児童館は、夜に保護者が不在で一人になりがちな子どもを対象に、2014年11月から始めた居場所づくりの活動である。豊島区では、延長保育制度により保育園で22時まで子どもを預かってくれるものの、区内3カ所しかないために競争率が非常に高くなっている。さらに、子どもが小学校に入ると学童保育は18時で終わるため、預かってくれる場所がなくなってしまう問題がある。この問題に対し、夜の児童館は毎週火曜日、16時から夜まで開いている。子どもたちがスタッフと夕食をとり、宿題や遊びを共にし、家庭的なだんらんの時間を過ごせる場となっている。

③のホームスタート・わくわくの活動は、2016年10月から始めている。就学前の乳幼児がいる家庭に対し、子育てを経験した母親が訪問して支援を行うア

ウトリーチ型の活動である。この活動は、イギリスのホームスタートの取り組みを参考にしており、支援者はホームビジターと呼ばれ、8日間の研修により養成される。現在では、20人以上がホームビジターとして活動している。

④のWAKUWAKUホームは、スタッフが居住する区内の一軒家で、子どもを預かる活動である。この活動は、母子・父子世帯で頼れる親族が近くにいない家庭が、子どもを気軽に預けられる場所があると助かるというニーズを受けて、2017年より始まった。一般的に、子どもが親族から離れて生活をする際は、児童相談所に一時保護されるが、この場合、居住していた地域から切り離され、学校に通えなくなってしまう問題がある。しかし、WAKUWAKUホームを利用すれば、平日はホームに宿泊し週末は実家に帰るショートステイや一時保護が、居住地域内で可能になる利点がある。

5．保護者への支援

保護者への支援としては、2013年から「シングルマザーズポコアポコ」という団体の活動支援を行っている。この団体は、月に1度、シングルマザーが集まり、自身の経験や思いを共有する自助グループである。メンバーが抱える課題によっては、就労面や居住面、司法へのアクセスの支援が必要となる。このような場合、WAKUWAKUが関係機関へと仲介して、必要な支援へとつないでいる。

また、子ども食堂やプレーパークに来ている子どもや保護者が、離婚問題や、学校でのいじめ、DVなどの深刻な状況に直面し、専門的な支援を必要とする場合もある。このような場合には、本人の了承の下、区内で働く弁護士や行政職員などと連携して課題解決に当たっている。

6．活動の広がり

2015年6月には、豊島区内で子どもの学習支援活動を行っているNPOと行政、社会福祉協議会、専門家が月に1回顔を合わせる「としま子ども学習支援ネットワーク」（通称：とこネット）を結成した。また、2016年9月には、豊島区内で子ども食堂を運営する他の団体と連携し「としま子ども食堂ネットワーク」を立ち上げた。このように、行政と地域住民、大学、法律・医療の専門家、慈善団体などの多様なアクターと連携することで、組織単独ではできない

活動が可能となっている。例えば、文化財団との連携により、コンサートや演劇等の催しで空席がある場合に、無料で子どもたちへ提供するなどの支援が生まれている。

7．活動の特徴

WAKUWAKUの活動で注目すべき点は、以下の3点にまとめられる。

第1に、遊び・学び・暮らしの三つの支援が連携することで、より多くの子どもを捉えることができる点である。例えば、勉強に誘っても来ない子どもが、子ども食堂やプレーパークへの参加をきっかけに、学習支援の場に参加することがある。このように、地域の中で多様な支援の窓口を開くことで、多くの子どもに必要な支援を行うことが可能となっている。

第2に、子どもへの支援のみならず、その問題と密接にかかわる保護者の支援へとつなげている点である。例えば、司法へのアクセスに関して、法テラスなど無料で相談できる場はあっても、アクセスのハードルが高く、断念する場合も少なくない。これに対して、WAKUWAKUは弁護士への仲介を行うなどして、保護者が必要とする支援を受けやすくし、貧困の根本的な解決を図っている。

第3に、多様なアクターと連携して、それぞれの持つ資源や情報を共有することで、先進的な支援が可能となっている点である。近年、世帯所得が少ない場合、学力面で負の影響があるだけでなく、文化的活動や体験活動における格差にもつながることが問題視されている。WAKUWAKUが他組織と連携して行うさまざまな支援は、これらの格差の解消につながる可能性を持つ。

中村　由香

【参考文献・URL】

・NPO法人豊島子どもWAKUWAKUネットワークHP（https://toshima.wakuwaku.com/）（最終アクセス日：2018年11月2日）。
・NPO法人豊島子どもWAKUWAKUネットワーク編著『子ども食堂をつくろう！人がつながる地域の居場所づくり』明石書店、2016年。

＜基本情報＞

特定非営利活動法人豊島子どもWAKUWAKUネットワーク
所在地：〒171-0014 東京都豊島区池袋3-52-21
URL：https://toshimawakuwaku.com/

事例9 日本　暮らしづくりネットワーク北芝

1．暮らしづくりネットワーク北芝とは

　暮らしづくりネットワーク北芝は、大阪府箕面市萱野にある北芝地域の地域課題の解決や、さまざまな人のネットワークの構築、地域の教育力の向上等を目指し、2001年にNPO法人として創設された。アイデアを募集し、市民が交流する場としてレストランや駄菓子屋の開設などを行ったり、子どもたちの学びやお手伝いなどの体験を地域通貨「まーぶ」として換算し、市内の店舗等で使用できるような取り組みを行ったりしている。

　さらに、2010年度から5年、2015年度から10年間、「らいとぴあ21（箕面市立萱野中央人権文化センター）」の指定管理者として事業を実施している。らいとぴあ21は、行政直轄事業として子育て支援センターや図書コーナー、不登校支援事業も実施している。これに指定管理者事業としての青少年教育事業や2013年から導入した地域交流型放課後等デイサービス事業も加わり、総合的子育て支援・自立支援事業を展開している。

らいとぴあ21

2．学力の状況と地域の子どもたち

　箕面市では、1988年に子どもの学力や家庭の教育力等を把握するための実態調査[1]（小4・5年、中1・2年）を実施して、中学校区単位での分析を行っており、それらの結果については地域の団体とも共有してきたという。この調査結果から、4段階の学力到達点の中で「全く理解していない」（61%）「理解できていない」（18%）と、低学力の実態が明らかになった。学力と自己肯定感

などとの相関なども示されており、これを契機に学力向上に向けた学校や地域での取り組みの見直しが行われてきた。

また、箕面市は2005年に「地域の青年等のニーズ調査」でライフヒストリー型のインタビュー調査を実施し、暮らしづくりネットワーク北芝でもその調査に協力している。その調査からは、15歳以上が活用できる資源が少なく、行政の支援の手が伸びていないということが分かっている。

そのような調査の分析の結果から、自分の進路のヒントとなるようなロールモデルとして、「本物」に出合わせたり、触れたりできるものをセンター事業として実施したり、教育投資の考えから地域で学習塾を運営していこうという方針を決めた。また、18歳での自己実現を目指して、就学前から社会体験などを通じて進路選択につながるような事業展開をしている。

箕面市では、独自の学力調査や個別の聞き取り調査等を実施しており、それらの調査の分析には学識経験者に加えて、市民代表や地域の人も入っている。こうした手法が学校と地域が教育の方向性を考える機会になっているという。

3．子どもの居場所づくり

らいとぴあ21では、①ぴあぴあルーム（主に小学生を対象とした放課後等の居場所）、Barpiapia（主に中・高校生を対象とした放課後等の居場所）、②地域食堂を念頭とした子ども食堂、③放課後等デイサービスの事業、を行っている。また、週に2回、個別学習の場を設けている。

子どもの居場所事業は、学校や家庭とは別の第三の居場所として、さまざまなサークル活動により、家庭のリビングのような癒しの場所となることを目指しており、地域資源を活用することと子どもたちのつぶやきを拾った活動の展開が意識されている。例えば料理サークルを実施し、家でやる機会がない料理を作り、そこに保護者にも入ってもらうようにするなどしている。参加者は、地域の子どもたちということで条件は設けていないが、その中に経済的に困難な家庭やひとり親世帯の子どもたちもいる。特に日曜日や祝日に来ている子どもたちは外出する機会が少ないので、お弁当を持って出かけるような活動も行っている。

料理サークル

4．地域の教育循環を目指して

　暮らしづくりネットワーク北芝では、子どもたちの豊かな自己選択が可能となり、地域で教育の循環が起こることを目指して活動を行っており、あえて他機関と連携するということを意識している。らいとぴあ21という場があるからできるということではなく、仮にらいとぴあ21という場所がなくなったとしても、地域でできるという仕組みづくりを目指し、NPOが他機関とつながることを重視している。

　ここでは学びの支援、社会体験、居場所づくりという三つの方針の下に活動を行っている。小・中学生を対象として、多くのイベントを行っており、例えば、中・高生の学習会を実施している。地域的には通塾率は高いが、家庭の状況等により塾に通えない子どもたちもいる。また、中学生になると、公共施設に来ることが少なくなるが、居場所のない子どもたちが地域や家庭に残っている。そのような子どもたちの居場所として、学習会をすることで参加を促している。学習会には立命館大学や大阪大学の学生がボランティアとして参加をしたり、子どものころに参加していた学生が、大学生となってボランティアで活動することもある。インタビューを行った井原氏は行政職から、天雲氏はボランティアから、川田氏は地元の地域出身で、活動に参加してから職員になっている。

学習会風景

5．地域との連携と成果・課題

　暮らしづくりネットワーク北芝と学校との連携は密に行われており、週1回の連携会議を開催し、総合的な学習の時間での協力や、気になる子の情報共有を行っている。学校には若い教員が増えてきているが、地域との連携の面は引き継がれているという状況である。

　しかし、地域の子どもたちがどこまで、そしてどのように育っているのかが見えにくくなっており、インタビューを通した調査が必要だと感じている。そして、一人一人の語りの中に、ほかの人が反映している部分があるので、ライフヒストリーとして見せていきたいと考えている。

　特に15歳以降の子どもたちや若者が相談できる場所は、少ない。地域の学校やらいとぴあ21はその一つであるが中学校や高校を卒業した子どもたちのその

後について心配している。子育て支援等の場所や子どもたちの居場所がほかにもできてくれば、16歳以上にターゲットを当てた支援を行っていきたいと考えている。そのためにも、一つのNPOで完結するのではなく、子どもや若者たちの生活圏をいかに濃く広げていくかということが大事だという。

　また、らいとぴあ21の指定管理には10年間の期限があり、継続性が担保されているわけではない。北大阪急行の延伸に伴い箕面市の公共施設の再整備の議論もあり、子どもたちの居場所が確保されるのかという課題もあるという。子どもたちはらいとぴあ21と継続的にかかわりがあるわけではないが、施設がずっとあることで、困ったらここに来たら何とかなるという安心感を与えられる。

6. 所見

　インタビューの中で「つながり」「循環」という言葉が多く出ていたことが印象的だった。暮らしづくりネットワーク北芝の活動理念や、らいとぴあ21の指定管理を受けて地域の子育て支援の事業を実施しているという経験が、このような価値観の形成にもつながっているのではないだろうか。行政側の姿勢として、NPOとも協力していくということも感じられ、地域の課題の把握を行政・地域・NPOで共有し、同じ方向性を目指し、子どもたちのセーフティネットとなるための地域のつながりの形成が進んでいる。

　子どものセーフティネットの形成のために、行政や多様なNPO等が活動しているが、人と人のつながり、団体や地域間のつながりが必要であり、さらに、支えられていた子どもたちが、将来的に次世代の子どもたちや地域を支えていくという循環の仕組みがなければ、持続的な取り組みにならないことをあらためて感じさせられた。

須原　愛記

注：
（1）実態調査「同和教育に関する箕面市教育総合実態調査　結果報告書」1990年3月、箕面市教育委員会。

＜基本情報＞
特定非営利活動法人暮らしづくりネットワーク北芝
所在地：〒562-0014 大阪府箕面市萱野2-11-4
URL：http://www.kitashiba.org/

日本 事例10

グリーンコープ生活協同組合 ふくおか・子ども支援オフィス

1．子ども支援オフィスの設置の背景

　グリーンコープ生活協同組合ふくおか（以下、グリーンコープふくおか）が運営する「子ども支援オフィス」（以下、支援オフィス）は、経済的困難を抱える子育て世帯の就労、教育、住まい等のさまざまな相談にワンストップで応じることを目的とした窓口である。2016年6月に県内4カ所に開設され、2018年現在、県内の5カ所に設置されている。

　支援オフィスが設置された背景には、2014年1月に「子どもの貧困対策の推進に関する法律」が施行され、推進計画の策定が各都道府県に努力義務とされたことがある。これを受け、福岡県では「教育支援」「生活支援」「保護者に対する就労支援」「経済的支援」を柱とし、101の関連事業を掲げた「福岡県子どもの貧困対策推進計画」を2016年3月に策定した。この計画の主要事業の一つとして、経済的困難を抱える子育て世帯を包括的に支援する相談窓口である支援オフィスが構想された。

　支援オフィスは、生活困窮者自立支援法に基づき福岡県が設置した「自立相談支援事務所（通称：くらしの困りごと相談室、以下、相談室）」に併設されている。相談室と支援オフィスはいずれも、同県からグリーンコープふくおかへの委託事業である。支援オフィスが相談室に併設された背景には、子どもの貧困の解決には保護者が抱える課題の解決が欠かせないという認識があった。

支援オフィス（粕屋オフィス）の外観

2．グリーンコープふくおかへの委託の経緯

　グリーンコープは、九州・中国・関西地方に展開する14の生協と約42万人の組合員からなる生活協同組合連合会である。このうち福岡県を中心に展開しているのが、グリーンコープふくおかである。店舗型と宅配型の共同購入事業に加えて、電力事業や福祉事業も行っている。

　支援オフィスは福岡県の公募により、グリーンコープふくおかに委託された。その背景には、組合員の参加型福祉を理念に掲げ、高齢者や障がい者の福祉、生活困窮者支援、子育て支援に関して多くの事業を行い、スキルやノウハウを蓄積してきたことがある。

　例を挙げると、2003年に生活困窮者の雇用創出を目的として、家庭で不要となった衣類を国内外で再利用するファイバーリサイクル事業を立ち上げている。また、他のNPOと連携して、生活困窮者が共同生活を営みながら自立した生活が送れるよう支援する宿泊施設を運営している。さらに2006年からは、生活再生相談事業を始め、家計が苦しい世帯への貸付の斡旋や、必要な収入額に応じた就労先を提示する等の支援を行ってきた。

3．相談から支援までのプロセス

　支援オフィスでは、相談者が抱える課題に包括的に対応するために、どのような相談であっても、まずは断らずに話を聞くようにしている。相談は無料であり、電話相談、面接相談、訪問相談を行う。訪問型は相談者の自宅か、自宅が難しい場合には公的施設の会議室等を使用する。

　また、関係機関と連携し、困っている人を多様な経路で把握できるようにしている。例えば、相談に至る経路として、本人自らが電話やメールで連絡したり、来所するケースだけではなく、家族や知人からの連絡がきっかけとなる場合や、福祉事務所や児童相談所、学校やスクールソーシャルワーカー等から紹介を受けて対応するケースもある。なお相談に、子ども自身が来るケースはほとんどない。そのため、保護者を通じて世帯状況を包括的に把握し、子どもの課題を抽出するよう努めている。

　相談から支援までは、次のように進める。まず相談を受けた際、相談者の家計や就労、就学、健康状態、生活習慣等を評価するアセスメントシートを用いて、相談者が抱えている課題を明確にする。その上で、課題に応じた個別支援

計画を作成する。計画に基づいて、行政の担当部局や、学校関係者、法律の専門家、医療機関等へつなげる。特に、弁護士との面談や、病院への通院等、相談者が不安を抱えやすい場面にはスタッフが同行する。また、課題解決後も継続的に連絡をとり、新たな課題が生じていないかを確認するアフターフォローも行っている。

4．多種多様な支援の実施

　支援オフィスは相談室に併設されているため、子どものみならず保護者に対する相談支援も行うことができる。さらには家計相談支援事業、就労準備支援事業、高校生の就学継続のための訪問相談支援事業等、福岡県からの他の受託事業を並行して行っており、支援オフィスは多様な機能を併せ持つ。これによって子どもの成長段階に沿った支援や、保護者が抱える課題の種類に応じた相談支援が可能となっている。

　課題に対する支援の方法は、専門家や関係機関につなぐだけではない。生活の状況に応じて食料品の提供といったグリーンコープふくおか独自の取り組みも行っている。支援オフィス内には食料品の貯蔵スペースがあり、相談者が食事に困っている場合に即座に手渡すことができるようになっている。このように食料品が提供できる背景には、グリーンコープの物流システムがある。グリーンコープは、組合員の家庭に注文品を届ける際に、ドライバーが家庭で余っている食料品を預かり、生活困窮者の支援に役立てるフードドライブに取り組んできた。これらの食料品が支援オフィスに備蓄されている。このほかにもグリーンコープには、組合員一人一人が毎月100円を拠出し、それを社会貢献活動に用いる「福祉活動組合員基金（通称、100円基金）」制度が存在する。この基金には現在、約90％の組合員が拠出しており、基金を用いて購入した食料品も備蓄されている。

支援オフィス内の食料品の貯蔵スペース

5．運営体制

　支援オフィスには、5～10人の相談員が配置されている。その内訳は、生活困窮者自立相談支援事業の相談支援員2～5人（主任相談支援員1人、相談支援員1～4人）、子ども相談支援員1～2人、家計相談員1～2人、高校生の就学援助支援員1人である。生活困窮者自立相談支援事業の主任相談支援員が、オフィス全体を統括している。

　生活困窮者自立相談支援事業の主任相談支援員は、社会福祉士あるいは精神保健福祉士の有資格者である。また、相談支援員には、国が全国社会福祉協議会に委託している研修の受講者や、生活困窮者の問題に関心や理解があり、実際に相談経験がある人を採用している。子ども相談支援員は、学童保育の指導員や児童養護施設での勤務経験者で、社会福祉士や保育士、教員資格を持つ場合が多い。また、無資格者であっても、相談経験を積むうちに必要性を感じて、新たに資格を取得する場合もある。

　支援オフィスには、相談者と相談員が面談を行う部屋のほかに、相談員の作業スペースがある。作業スペースは相談員たちの間に仕切りを設けず、いつでも情報共有をしやすいように設計されている。このスペースで、相談員が各自の専門性を生かして相互に意見交換や助言を日常的に行っており、個々の相談者へのより良い支援方法を検討している。また、月に一度、行政の職員を含めた「支援調整会議」を実施し、情報を共有している。

スタッフの作業スペースの様子

6．実際の支援内容とその成果

　実際の相談事例としては、保護者の精神疾患により就業継続が難しく家計も不安定であり、子どもが心理的ストレスを感じて不登校になるケースがあった。ほかにも、保護者と子どもが共に障がいを抱えており、周囲に頼れる親族がおらず、家計や居住場所が安定的に確保できないというケースがあった。こ

れらのケースに対し、相談者と共に相談員が福祉事務所や病院に同行し、病気の治療や障害年金受給の手続き等を行った。また、子どもの進学先の提示や、就学資金の工面を支援する等、相談者に寄り添った支援を行ってきた。

これらの相談を重ねるにつれ、特に医療と福祉の連携には大きな課題があることが明らかになってきたという。病院では、病気を診断し薬を処方するが、障害者手帳や障害年金の支給等、日常的な支援についてはフォローがなされにくい。また、そもそも本人が障がいを持っていることに気付いていないケースや、気付いてもそれに応じた公的サービスを知らないケースがある。このようなケースに対して相談員が状況を判断し、必要な支援へとつなぐことで、世帯全体の課題解決がなされてきた。

支援オフィスに寄せられる相談件数は、年々、増加傾向にある。支援オフィスが設置された初年度の2016年度には、四つの支援オフィスで249件の面談を実施し、翌年の2017年度には五つの支援オフィスで386件の面談を実施している。

7. 支援オフィスの特徴

支援オフィスの特徴は、以下の3点にまとめられる。

1点目は、多様な専門的知識を有するスタッフが常駐している点である。子どもの貧困問題を解決するためには、子どもだけでなく世帯全体を包括的に支援する必要がある。さらには就労、住居、教育、福祉、医療等の複合的な支援も必要である。しかし、多くの場合、行政による支援はそれぞれの課題の種類別に対応する窓口が異なるため、支援を必要とする者がそれぞれの窓口に赴き、一つずつ課題を解決していくことへのハードルが高く、途中で断念してしまうことも少なくない。これに対し、相談の窓口を一本化し、多様な専門性を持つスタッフが情報を持ち寄り、相談者が抱える課題に応じた最適な支援計画を作成することで、迅速に課題を解決することができる。

2点目は、地域の関係機関と連携して支援を実施している点である。支援オフィスでは、相談者個々の状況に応じて作成した支援計画に基づきさまざまな支援を行っているが、就職の斡旋や各種手当の支給、障害福祉サービスの提供等、相談者に対する具体的な行政サービスは、各々の事業を所管する関係機関が実施することとなる。このため、支援オフィスとハローワークや町村役場を

はじめとする関係機関との連携体制の構築が重要となる。支援オフィスの相談員は、日々の支援活動において関係機関を積極的に訪問し、個々の相談者に関する情報共有を図る等、関係機関の職員との間で「顔の見える関係」の構築に努めている。また、県の担当課においても、小・中学校の校長会における支援オフィスの周知や、各町村役場と支援オフィスとの連携会議の開催等、関係機関との連携体制の構築を図っている。

　3点目は、課題解決後もアフターフォローを行っている点である。現在抱えている課題が解消され支援を終了した世帯であっても、中学校や高校、大学等への進学といった今後の子どもの成長段階に応じて、学費の工面等の新たな課題を抱えることが想定される。このため支援オフィスでは、支援を終了した相談者に対しても相談員が電話で連絡をとる等、継続的にフォローを行っている。こうした継続的な関係の中で相談員との信頼関係が構築されることで、心理的障壁を引き下げる効果もある。このように、相談者に寄り添った中・長期的なフォローによって、新たに課題が生じた場合に速やかに対応することが可能となっている。

中村　由香

<基本情報>
グリーンコープ生活協同組合ふくおか・子ども支援オフィス
所在地：〒812-0011 福岡県福岡市博多区博多駅前1-5-1
　（子ども支援オフィス（5カ所）：粕谷オフィス、水巻オフィス、久留米オフィス、行橋オフィス、田川オフィス）
URL：http://greencoop-fukuoka.jp/kodomo/

おわりに

　本書は『社会教育』編集部から刊行する久しぶりの書籍である。『社会教育』編集部は、戦後直後の1945年から社会教育に関する多くの書籍を刊行してきた。2012年10月17日までは財団法人全日本社会教育連合会の組織であったが、公益法人改革の一環で2012年10月18日から財団法人日本青年館と統合し、日本青年館の組織となった。実質的に一般財団法人日本青年館からの初めての書籍となる。

1．全世代型の社会保障への転換
　本書は、これからの地域コミュニティにおいて、一段と重要になるであろう、次世代を地域で育むこと（次世代支援）に関して、諸外国（アメリカ、フランス、イギリス）の状況を知ること（知見）から、これからの社会のあり方を模索するものである。本書のタイトルにある「社会的セーフティネット」をどのように構築していくかは、今後10～20年の地域社会の最重要課題の一つである。

　平成時代（1989～2019年）は、日本では「次世代」を支える保護者間の所得格差が拡大していった。アメリカ、フランス、イギリスでは、日本に先行して「格差の拡大」が社会問題となっており、その施策を行ってきた。日本から見ると先行課題対応事例といえる。予想される日本の近未来の地域コミュニティのありようをアメリカ、フランス、イギリスの事例から読み取ることができる。

　日本では、行政の財政危機から、従来型の施策をそのまま継続して遂行するのが難しい状況にある。本年の首相施政方針演説（2019年1月28日）では「全世代型の社会保障への転換（教育無償化、1億総活躍）」が中心テーマとなっている。重要キーワードとして「子ども（たち）」が12カ所、「若者」が6カ所、「青少年」が1カ所使用、消費税アップ分を財源とした、次世代支援が最重要項目の一つとなっている。

　1998年の特定非営利活動促進法の施行から20年を経過し、地域社会の活動を支えるアクターとして特定非営利活動法人が重要な役割を担ってきた。

　これからの地域社会では「縦型」でない、「横型」のネットワーク構築が求められている。これは中央教育審議会「新しい時代の教育や地方創生の実現に向

203

けた学校と地域の連携・協働の在り方と今後の推進方策について（答申）2015年12月」「人口減少時代の新しい地域づくりに向けた社会教育の振興方策について（答申）2018年12月」と二つの答申の重要な問題提起の中にも含まれている。

２．ネットワーク型行政の方向性と民間の役割

　社会教育政策において、国レベルでは2018年10月16日に文部科学省の機構改革が行われ、これまでの筆頭局である生涯学習政策局を総合教育政策局とした。また、社会教育関連部局を生涯学習推進課、地域学習推進課、男女共同参画共生社会学習・安全課の３課に再編し、学校教育と社会教育の枠を超えた教育人材政策課を設けた。本書のテーマである「次世代支援」は、主として新設の地域学習推進課と男女共同参画共生社会学習・安全課にかかわるものである。さらに、文部科学省と厚生労働省、総務省、内閣府とも密接にかかわる。

　国の組織は変更したが、地域レベルではどうであろうか。行政の「リーチ」が届きにくい領域をどうするか、誰がその領域を担うのか。行政の仕組みも大切だが、地域活動を担う「民間」が主役になることは、本書で紹介している海外の事例からも明らかである。

３．社会的セーフティネット構築には何が必要か

　「三種の神器」ではないが、地域活動を支えるのは「人材」「資金」「コーディネーションの仕組み」になるであろう。これに「情報」を加えることも重要だ。これら四つをマネジメントすることを、諸外国の事例から学びとることができるのではないだろうか。

　地域防災を考えるとき、「自助」「共助」「公助」という概念が提示される。防災以外の地域課題に視野を広げて考えると、特に「共助」を強くすることが、地域の課題を解決する仕組み構築につながると思われる。自分たちで、自分事として、それぞれの地域で仕組みを構築していかなければならない。それには「中立的」「中間的」な地域の団体・グループの機能と役割が大切である。仲介的な機能を持つプロジェクト型団体が「中間」に入ることで行政の縦割りをつなぐことになり、従来の枠組みを超えた連携、協力、協働が実現できる。本書では国内事例ヒアリング先として財団法人（１）、社団法人（１）、特定非営利

活動法人（7）、生活協同組合（1）を紹介しているが、収録が間に合わなかった次世代支援を目的とする特定非営利活動法人等を、今後『社会教育』で紹介をしていく予定である。

4．本書の活用法

2019年6月10日に、社会教育法が70周年を迎える。また、同年9月にはラグビーワールドカップ、2020年には東京オリンピック・パラリンピック、2021年にはワールドマスターズゲームズ関西と国際的なスポーツイベントが続く。

『社会教育』のテーマもSDGs（エスディージーズ：持続可能な開発目標）を中心に多様性や国際性が増してくる。その中で「社会的セーフティネットの構築」は中軸となる課題である。答申等で指摘されている地域課題解決型の社会教育へ向けたヒントを提供するのが本書の役割である。

教育、福祉、医療、地方創生等多くの領域にまたがる「次世代支援」は、就学前教育、初等教育、中等教育、大学教育、社会教育と密接な関係にある。未来の日本を支える子どもたち、青少年、若者など次世代を支援していく人材育成システムに、教育専門職・首長・地方議会議員等を含むあらゆる人々の関心事である。次世代支援施策に対する社会的「投資」が未来を構築する。

『社会教育』の読者の皆さんや子どもの貧困問題解決にかかわる関係者の皆さんを中心に、民間、行政、学術研究、企業、メディアなど幅広いアクターが参画する「社会的セーフティネットの構築」を新しい社会教育の姿として期待している。

近藤　真司

【執　筆　者】

岩崎久美子（放送大学教養学部教授）
　　執筆担当：はじめに、第１章アメリカ事例６・事例７・事例８・事例９、
　　　　　　　第２章フランス事例２・事例４、第３章イギリス事例４・事例５、
　　　　　　　第４章日本事例３・事例４

荻野　亮吾（東京大学高齢社会総合研究機構特任助教）
　　執筆担当：第４章日本総論、第４章日本事例１・事例２・事例５

柏木　　宏（大阪市立大学大学院創造都市研究科教授・法政大学大学院連帯社会イン
　　　　　　　スティテュート教授）
　　執筆担当：第１章アメリカ総論

金藤ふゆ子（文教大学人間科学部教授）
　　執筆担当：第２章フランス事例３・事例５・事例６、第３章イギリス事例１

近藤　真司（一般財団法人日本青年館『社会教育』編集長）
　　執筆担当：おわりに

左京　泰明（特定非営利活動法人シブヤ大学代表理事）
　　執筆担当：第１章アメリカ事例５

佐藤　智子（東北大学高度教養教育・学生支援機構准教授）
　　執筆担当：第１章アメリカ事例３・事例４

ジャン＝フランソワ・サブレ（フランス国立科学研究センター（CNRS）名誉研究部長）
　　執筆担当：第２章フランス総論

須原　愛記（大阪大学企画部経営デザイン課長）
　　執筆担当：第２章フランス事例７・事例８、第４章日本事例６・事例７・事例９

園部友里恵（三重大学大学院教育学研究科特任講師）
　　執筆担当：第３章イギリス事例２

中村　由香（公益財団法人生協総合研究所研究員）
　　執筆担当：第４章日本事例８・事例10

錦織　嘉子（文教大学生活科学研究所客員研究員）
　　執筆担当：第３章イギリス総論（翻訳）、第３章イギリス事例３

堀野　亘求（認定特定非営利活動法人大阪NPOセンター事務局長）
　執筆担当：第2章フランス事例1

豊　　浩子（国立教育政策研究所フェロー・明治学院大学講師）
　執筆担当：第1章アメリカ事例1

吉川理恵子（特定非営利活動法人NPOサポートセンター顧問）
　執筆担当：第1章アメリカ事例2

　※2018年2月現在。五十音順。

社会的セーフティネットの構築：アメリカ・フランス・イギリス・日本

発　行　2019年2月21日

編　者　岩崎久美子

発行所　一般財団法人日本青年館「社会教育」編集部
　　　　〒160-0013　東京都新宿区霞ヶ丘町4-1
　　　　TEL 03-6452-9021　FAX 03-6452-9026
　　　　http://www.social-edu.com
　　　　ISBN 978-4-7937-0138-2

定価はカバーに表示　　　　　　　印刷　株式会社 平河工業社